U0440238
V0411792

费孝通（1910—2005），江苏吴江人。20世纪中国享有国际声誉的卓越学者。中国社会学、人类学和民族学的重要奠基人之一。曾担任民盟中央主席、全国政协副主席、全国人大常委会副委员长等职。

1930年入燕京大学社会学系，获学士学位。1933年入清华大学社会学及人类学系，获硕士学位。1936年秋入英国伦敦经济学院攻读社会人类学，获哲学博士学位。1938年秋回国。曾先后在云南大学、西南联大、清华大学、中央民族学院、中国社会科学院、北京大学等从事教学与研究。

一生以书生自任，笔耕不辍，著作等身，代表作有《江村经济》《禄村农田》《乡土中国》《生育制度》《行行重行行》《中华民族的多元一体格局》等。

费孝通作品精选

孔林片思
论文化自觉

费孝通 著

生活·讀書·新知三联书店

Copyright © 2021 by SDX Joint Publishing Company.
All Rights Reserved.
本作品版权由生活·读书·新知三联书店所有。
未经许可，不得翻印。

图书在版编目（CIP）数据

孔林片思：论文化自觉／费孝通著．—北京：
生活·读书·新知三联书店，2021.1（2022.4重印）
（费孝通作品精选）
ISBN 978-7-108-06487-5

Ⅰ．①孔… Ⅱ．①费… Ⅲ．①文化社会学－文集
Ⅳ．① G05-53

中国版本图书馆 CIP 数据核字（2020）第 174153 号

责任编辑　冯金红
封面设计　宁成春
版式设计　薛　宇
责任校对　张国荣
责任印制　董　欢
出版发行　生活·讀書·新知 三联书店
　　　　　（北京市东城区美术馆东街 22 号 100010）
网　　址　www.sdxjpc.com
经　　销　新华书店
印　　刷　河北鹏润印刷有限公司
版　　次　2021 年 1 月北京第 1 版
　　　　　2022 年 4 月北京第 2 次印刷
开　　本　880 毫米 × 1092 毫米　1/32　印张 7.25
字　　数　142 千字
印　　数　5,001-8,000 册
定　　价　59.00 元
（印装查询：01064002715；邮购查询：01084010542）

费孝通作品精选

出 版 前 言

费孝通(1910—2005),20世纪中国享有国际声誉的卓越学者。他不仅是中国社会学、人类学、民族学的重要奠基人之一,而且学以致用、知行合一,一生致力于探寻适合中国文化与社会传统的现代化之路。

在其"第一次学术生命"阶段,从最初的大瑶山到江村,再到后来的"魁阁"工作站,费孝通致力于社会生活的实地研究,继之以社会的结构特征考察,提出诸如"差序格局""家核心三角""社会继替""绅士"及"乡土损蚀"等概念和表述,代表作有《花蓝瑶社会组织》《江村经济》《禄村农田》《乡土中国》《乡土重建》《生育制度》等。在其学术求索中,费孝通与西方学术有关传统与现代的理论构成了广泛对话,而他的现实目标可归结为"乡土重建",其学术思考围绕如何理解中国社会、如何推动中国社会现代化转型的问题展开。

20世纪50年代,费孝通在共和国民族政策与民族工作的建言与商讨中发挥了重要作用,也亲身参与"民族访问团"和民族识别调查工作。此间,他得以将其在"第一次学术生命"阶段提出的部分见解付诸实践，也得以在大瑶山调查之后，再次有机会深入民族地区，对边疆社会的组织结构和变迁过程进行广泛研究。在其参加"民族访问团"期间参与写作的调查报告，及后来所写的追思吴文藻、史禄国、潘光旦、顾颉刚等先生的文章中，费孝通记录了他在这个阶段的经历。

1978年，费孝通在二十余年学术生命中断之后获得了"第二次学术生命"。在这个阶段中，费孝通提出了"中华民族多元一体格局"这一有弹性的论述，引领了社会学学科的恢复重建工作，以"志在富民"为内在职志，努力探索中国自己因应世界变局的发展战略。从80年代初期开始，费孝通"行行重行行"，接续了他的"乡土重建"事业，走遍中国的大江南北，致力于小城镇建设及城乡、东西部区域协同发展的调查研究。与此同时，他也深感全球化问题的压力，指出我们正处在一个"三级两跳"的时代关口，在尚未完成从乡土社会到工业社会的转型过程之时，又面临着"跳进"信息社会的时代要求，由此急需处理技术的跃迁速度远远超出人类已有的社会组织对技术的需求这一重要问题。在费孝通看来，这不只是一个经济制度问题，同时它也含有社会心态方面的巨大挑战。

20世纪80年代末期，费孝通开始思考世界性的文化关系问题。到90年代，这些思考落实为"文化自觉"的十六字表述：各美其美，美人之美，美美与共，天下大同。在全球社会前所未有地紧密接触、相互依赖的情况下，"三级两跳"意味着不同文明状态和类型的社会被迫面对面相处,这必然引起如何构建一种合理的世界秩序的问题。"文化自觉"既包含了文明反躬内省、自我认同的独特观念,有中国文化"和而不同"理想的气质,同时亦是一套有特色的社会科学方法论,含有针对自然/文化、普遍/特殊、一致/差异等一系列二元对立观的不同见解。值得指出的是,这一晚年的思想洞见其实渊源有自,早在其青年时代,人类学与跨文化比较就一直是费孝通内在的视野和方法,这使他从来没有局限于从中国看中国,具体的社区研究也不只是"民族志",因此他20世纪50年代前写作的大量有关英国和美国的文章,都是以杂感和时论的形式创造性地书写西方,并由此反观中国的历史与现实,加深他对中国社会总体结构的原则性理解,也正是在这个意义上,他才会把《美国人的性格》一书称为《乡土中国》的姊妹篇。

* * *

费孝通一生以书生自任,笔耕不辍,著作等身,"费孝通作品精选"即从他七百余万字的著述中精选最有代表性的作品,凡12种,三百余万字,涉及农村农民问题、边区民族问题、文明文化问题、世界观察、学术反思等多个层面。其中,《江村经济》《禄村农田》《乡土中国》《生育制度》《美国与美国人》《行行重行行》等,均在作者生前单行出版过;《留英记》《中华民族的多元一体格局》《学术自述与反思》《孔林片思:论文化自觉》,则是根据主题重新编选;

《中国士绅》1953年出版英文版，2009年三联书店推出中译本；《茧》是近期发现的作者1936年用英文写作的中篇小说，为首次翻译出版，对于理解费孝通早期的学术思想与时代思潮的关系提供了难得的新维度。

除首次刊印的个别作品外，均以《费孝通全集》（内蒙古人民出版社，2009年）为底本，并参照作者生前的单行定本进行编校。因作者写作的时间跨度长，文字、句式和标点的用法不尽相同，为了尊重著作原貌和不同时期的行文风格，我们一仍其旧，不强行用现在的出版规范进行统一。

此次编辑出版，得到了作者家属张荣华、张喆先生的支持，也得到了学界友人甘阳、王铭铭、渠敬东、杨清媚诸君的大力帮助，在此谨致谢忱。

生活·讀書·新知 三联书店

2020年9月

目 录

从小培养21世纪的人 _ 1

孔林片思 _ 14

对"美好社会"的思考 _ 21

反思・对话・文化自觉 _ 28

人文价值再思考 _ 48

创建一个和而不同的全球社会 _ 72

中国古代玉器和传统文化 _ 89

再谈中国古代玉器和传统文化 _ 94

人类学与21世纪 _ 102

进入21世纪时的回顾和前瞻 _ 118

文化论中人与自然关系的再认识 _ 135

经济全球化和中国"三级两跳"中
　　对文化的思考 _ 149

关于"文化自觉"的一些自白 _ 166

对文化的历史性和社会性的思考 _ 178

"美美与共"和人类文明 _ 200

出版后记 _ 220

从小培养 21 世纪的人 [1]

人总是生活在希望里,对未来的瞩望和期待决定他当前的行为和忧乐。这种人之常情驱使我今天在这个讲台上陈说我对 21 世纪婴幼儿教育的瞩望。

像我这样一个在 20 世纪里生活了即将 80 年的人,面对 10 年后即将来临的 21 世纪,心情是复杂的,有衷心的盼望,也有满怀的忧虑。人类必然是不断进步的,我们对过去所知道的历史保证了这种信念。今既胜昔,来日怎能不比今天更好,这使人乐观。但是如果再想一想,还是让今天这样的人,带着现有的心胸和头脑,进入即将来临的世界里去,他们能很好适应一个不断革新和迅速发展的世界么?从这个疑问,使我看到了 21 世纪婴幼儿教育的重要性。那就是说,我们必须从现在开始就着手从小培养出适合于在 21 世纪世界里生活的人。人造下了世界,人还必须同时造就能在世界里生活的人。后者就是我们所说的教育、培养人的工作。对刚出生的婴儿和尚未能独自行动的幼儿的教育称之为婴幼儿

---

[1] 本文是作者在"21 世纪婴幼儿教育与发展国际会议"(1989)上的讲话。——编者

教育，这段时期的教育是培养一个人身心发育的基础教育。

要着力于培养适合在21世纪生活的人，首先要问的是21世纪将是个什么样的世界。我说，如果对具有20世纪头脑的人不加适当的教育，原封不动地让他进入21世纪，恐怕会带来许多难免引起我们不愿见到的结果。这个担心是出于认为：21世纪的世界将不同于20世纪。客观世界改变了，在改变前的世界里养成的生活方式，能应付得了改变了的世界么？问题就在这里。所以我们首先要看一看21世纪究竟和20世纪有什么不同？

用简单的几句话来点清楚20世纪和21世纪的差别是不可能的，至少是不会确切和周全的。如果容许我用个不太恰当的比喻来说，20世纪有点像世界范围的战国时期。战国时期是我借用中国历史上的名词，指的是一个从分到合的历史过程。我们中国现在是一个统一体，这个统一体是经历了一个很长的过程形成的。从分裂进入统一，重要的一步发生在大概2200年前经历了两个半世纪（公元前475—前221年）才结束的战国时期。这个比喻暗示着当今世界正在发生世界范围的，或全球性的，从分到合的运动。20世纪正处在世界统一体出现前的那个阶段。在这100年里发生了两次被称为"世界大战"的重大事件。20世纪前世界规模的战争是没有过的，因而"世界大战"成了这段历史的特征，称之战国时期，用来作历史类比的根据。

20世纪的这两次世界战争是和我同龄人亲身的经历，回忆犹新。在第二次大战期间，有人提出了One World的概念,不妨翻译成"世界一体"。世界要成为一体,已是当时的战争摆在人们面前的现实。居住在这个地球上的人们已经互相联系得休戚相关,如此密切,甚至能在世界规模上用枪炮来对话了。战争固然出于对抗,对抗却也是一种难解难分的联系;利益上的你争我夺,决不会发生在互不相关的绝缘体之间。对抗不仅表示了联系,而且也总是以加强联系为终结而导致联合。

在中国的这片东亚平原上,2000多年前出现的群雄争霸导致了秦代大一统的局面,形成了当前中国统一体的核心。从这点上来看20世纪,我领会到在"世界大战"中提出世界一体的口号绝非偶然。是否可认为20世纪已为向全球性大社会的方向发展做出了开导,准备了条件?

把20世纪看作是世界范围的战国时代,又把两次世界大战作为20世纪的标志,作为一个20世纪的人,在感情上似乎不那么容易接受。其实我做出上述的历史比拟,无非是想强调"世界一体"这个20世纪提出而没有能实现的构想。

"地球越来越小了"是我短短80年经历中最深刻的感受。不说别的,70年前我心目中外婆家是那么遥远。在运河上坐一条手摇的小木船,一早上船,船上用餐,到外婆家已近黄昏,足足是一天。从地图上看只有15公里的距离。现在通了公路,中间不阻塞,10多分钟就可以到达。距离的概念已经用时间来计算了。当年在运河上需要度过一天的路程,现在完全有可能一天打几个来回了。当然我们不再坐小木船,而是坐汽车了。这些话头现在已引不起听众的惊讶。

那种怀旧的情绪已不再能得到年轻人的同情了。但不应当忘记的是这种变化恰恰是20世纪中人类杰出的创造。没有突飞猛进的科技发展，登上月球还是神话中的美妙想象。我们现在对这样大的进步已觉得受之无愧，视为平常，而这种变化的出现实际上却包含着人类知识的巨大积累和更新，也许更重要的是人们已找到了使得人类知识得以不断积累和更新的物质和社会条件。这一切书不胜书，以致不能不简单地用意义相当含糊的"现代化"一词来加以概括。现代化在我的理解中就是指由不断进步的科学技术无休止地改造人的物质和精神世界的历史进程。

现代化在人和人的关系上表现得最深刻的就是距离缩短了，接触加多了，范围扩大了，相互往来频繁了，搞得人们在生活上我离不开你，你离不开我。就这样，把全人类疏疏密密地编织在一个关系网里。出现了一个全球性的世界大社会。如果用比较具体但笼统而易懂的话来表达，就是现代化要把一个习惯于生活在自给自足的农业小天地里的乡下佬，变成一个和一刻离不开计算机的全球性大社会的运转相配合的角色。这句话包括了：生产的机械化，流通的商品化，信息的高速化等等的现代都市化的过程。再概括一下是从乡土社会到后工业化社会的转变。

我倾向这样的看法：接受这个现代化过程是当前人类共同的命运。它的开始是在20世纪之前，经过一二百年的发展才到今天，而且还会继续进入21世纪。它的发源地是在西欧，在这一二百年里，先是一面扩大到东欧和西亚，一面跟着西欧的移民扩及美洲和澳洲。接着是向全世界扩散,成为20世纪突出的历史性纪录。

从人类历史上看,世界上各种民族的人,虽则都住在这同一的地球上,但历来是分散在各地,各自为谋地经营着各自的生活,即使他们和邻近地方的居民有各种往来和联系。在20世纪以前,地球上并不存在一个牵连着所有人在内的一脉牵全局的大网络。这个网络在20世纪后期才出现,是以前几个世纪的科技发展的结果。在这个大网络所罩住的各地的人民,他们生活方式原是各自的历史条件所决定的,所以在经济发展上是不平衡的,在文化素质上是多种多样的。他们接受现代化的能力和速度各不相同,因而在20世纪现代化过程中发生了不平衡性和多样性。

世界在休戚相关的意义上形成了一体,但这个一体中存在着发展不平衡的许许多多国家和地方。发展不平衡主要是指经济的水平而言。在已有科技知识的条件下,这个世界上已经开发的资源是足以为所有的人提供基本需要的。现在还存在广大饥寒的人口,是由于分配上的问题。

文化上的多样性,性质却不同。这里包含着价值观念的内容。看来在饥寒线上下挣扎的人们,追求的目标比较容易一致,因为这些要求还紧密联系着生物的基础,所谓饥不择食就说明这种情况。在物质生活富裕的条件下,个人间身心上的差别有了分道扬镳的客观条件,不同地方、不同民族的人也更能发挥他们特有的价值倾向。这就使得文化多样性所产生的问题不能等同于经济不平衡性产生的问题。

尽管这两方面的问题在20世纪里已经都带来了严重的结果，甚至应当将两次大战的原因包括在内一并加以考虑。但是二者相比较，经济发展不平衡问题，实质上也就是所谓"南北问题"，在一定程度上已经提到人们意识范围之内，尽管这个问题在这个世纪里还没有找到比较圆满解决的办法。

文化多样性问题则属于另一层次或性质。文化就其广义而言就是人造的世界，包括社会制度和其意识形态。引起两次大战的矛盾，意识形态的争执还属于次要的地位。但第二次大战之后，却暴露出"意识形态"的矛盾成为"东西的问题"，形成了长达近半个世纪的冷战基础。直到这个世纪快结束时，才出现以对话代替对抗的信号，但还不能说在世界一体的格局中怎样容纳和处理文化多样性的问题已经有了一致的看法。

文化多样性是一个与人类同时出现的事实。我这样说表明我是同意人类起源多元论的。从世界各地考古学的发现，我们看到早期的人类生活似乎很相似，如使用石器，住在洞穴里等等，因而发生了一元或同源的印象。这些生活上的相似并不一定表示同源。人是从自然的基础上创造人造的世界的，文化是从自然中诞生的，是对自然的加工。人类初期和自然的关系十分密切，所以他们受到自然的限制也是十分大的。各地的人根据各地的自然条件开始他们的文化生活。只要自然条件相似，开始时的生活方式也就表示出相似状态。

这样说，我不仅认为人的世界一开始是多元的，而且在多元的基础上向着多样发展。文化的类型越来越多。到了20世纪，当各自相对独立发展的各地方的人被交通、信息和经济上的联系拉在一个难解难分的体系中时，文化上的多样性，包括社会制度的多样性，在互相接触中也就显著和突出了，而且开始在世界范围内以对抗性的矛盾出现了。这些问题已经以"东西对抗"的面貌引起人们的注意，并将带入21世纪，而逐步显示其紧迫性。要讨论培养什么样的人才能适应21世纪生活的话，文化多样性的问题值得倍加注意。

现代化过程中文化的多样性是会像经济不平衡性一样在发展过程中逐步淡化么？望文生义地想，现代化既是全世界人民面临的共同趋势，就应当包括经济的趋平和文化的趋同。事实可能比这种看法要复杂得多。

现代化使人的流动和接触加强。静止的、封闭的小社区，经过开放和改革，逐步成为世界性社会或全球大社会有机的结合部分。这个过程无疑会产生一套共同的东西。假如没有一套传递信息的共同符号，人和人的往来和行为上的配合是不可能的。文化多样性最容易见到的例证是语言的分歧。话都讲不通，人与人的行动就配合不上。所以由多元向统一的发展过程中，语言的相通常是首要的条件。语言相通依靠一套能引起共同理解的表象或符号，这不是文化趋同的例证么？

现代化过程中存在着文化趋同的一面是不能否认的。有意思的是，即以语言来说，在20世纪的现代化过程中，确在形成一种共同通用的语言，但更多的是个人语言表象体系的多元化。有人曾企图创造一种新的语言,不同于已有的各种语言的"世界语"。我不知道世界上有多少人利用"世界语"作为日常国际间传播的工具。但是我确是看到统一的计算机语言已经在文化领域的较高层次里在全球通行和应用了,它在传播作用上的重要性将随着现代化的发展而日见增加。但是一般人的日常生活中这些世界性的符号体系,可以说还抵不过英语在国际上的通用。在当前国际交往体系中,懂得英语的人似乎不致在任何机场或世界大都市的旅馆和菜馆里发生生活上的困难。许多不会说英语的人开始学习英语了。结果是能操多种语言的人数正在迅速增加。

这表示在进入世界一体的过程中,文化的多样性激起的反应,显然有相反的两个层次,共同层和多元层。从整体看出现了通用的语言,从个人看学会了多种语言。不同文化的人往来中运用共同语言通话时,是以双方学会了多种语言为条件的。文化的多样性深化为相往来的人们个人的文化多样性。

文化的其他部分并不都是和语言一样。语言基本上是一种工具性的文化,它的价值取决于能否达到达意的目的,是一种使用价值,不附带贵贱好恶等感情选择。这在文化领域里并不普遍,普遍的倒是充满着爱憎、是非的规范,而且还和民族或地方自尊心密切结合在一起,容不得撞碰。每个人熟悉自己的生活方式,并依靠它在所属的团体中经营日常的生活。各是其是,各美其美,泾渭分明,是封闭社会的特点。当经济的力量冲开了这种孤芳自赏的国家、民族、地方的大门时,对抗性的矛盾总是在价值标准的差别上发生的。这可以说,一个分立的多元结合成协调的一体时很难避免会出现一种吵吵闹闹、"百家争鸣"的局面。

争鸣在人类历史上曾导致两种不同的结果。一种是,定于一尊,那就是从是非之争发展到对抗性的矛盾,结果不是甲方压倒乙方,就是乙方压倒甲方,胜者存,败者亡。中国历史上的战国时代就是走上这条路而告终。另一条路就是从"百家争鸣"进入"百花齐放"。人们不仅自美其美,而且能容忍各美其美,甚至进一步美人之美。也就是价值标准上容忍多样性的同时存在。中国的宗教史里多少出现过这种多宗并立的局面,而避免发展成对抗性宗教战争。

回到当前的现实世界来说,由于经济发展和科技进步而建立起休戚相关的世界体系里,多种文化集体正在各个层次发生着上述两种不同的倾向。北美可以提供一个值得注意的不同来源的移民文化接触的试验场所。美国,甚至包括加拿大,在文化上有着较强烈的笼罩着全体的共同性,但是这个共同性的底下显然存在着无可否认的多样性。文化上的共同性和多样性在现代化过程中是并行发展的。

再看欧洲情况就不同。在这里现代化的过程和北美基本相同,但是文化上的多样性的存在和发展似乎胜过了文化上的共同性。现代化起步较晚,处在发展中地区的亚洲、非洲和南美洲等地方,文化的多样性更是非常明显的。

从这个角度去瞩望21世纪的世界,在全球范围的共同体系中,文化多样性问题应当说还是个有引起对抗性矛盾的可能因素。我们是否有理由在这里提出一个想法，21世纪要解决的主要问题之一是：各种不同文化的人，也就是怀着不同价值观念的人，怎样能在这个经济上越来越息息相关的世界上和平共处。人类在21世纪怎样才能和平地一起住在这个小小的地球上？说到这里我认为应当提到这次会议的主题——21世纪婴幼儿教育与发展，就是怎样从小培养一个适合21世纪生活和工作的人了。

我虽则从事教育工作已经超过半个世纪，但并不是一个研究教育的专业人员。我对教育工作只有一般常识性理解。简单说，教育就是培养人的工作。人需要培养，因为人并不是生来就知道怎样做人的，一切生活方式都是从小向别人学习来的。孔子的《论语》就是用"学而时习之"这句话开始。从个人对社会来说是学习，从社会对个人来说是教育，是一回事。

近代心理学告诉我们，人们的行为有它的惯性，学会了的东西，经过反复练习，成为不须思索就能自动反应的习惯。人们的日常生活绝大部分依赖这些习惯性的动作来完成。习惯一旦形成要加以改变就相当费力。因此婴幼儿教育对人的启蒙工作特别重要。中国有句老话"三岁到老"，就是说，婴幼儿时期养成的性格到老难改。"孟母三迁"是中国重视婴幼儿教育的传统范例。这位母亲为了儿女们的早期教育，曾经三次迁居，寻找一个教育儿女最好的环境。

这样说来，我们如果关心21世纪的人能在这密切相关的地球上和平共处，协力发展，我们不能不在进入21世纪的时刻，多考虑一下当前和今后的婴幼儿教育。针对我在前面所设想的 21 世纪的主要特点，发展上的不平衡和文化上的多样性，我们应当用什么指导思想去培养将在 21 世纪里生活的人？我想在此提出一些不成熟的意见。

人所共知，20 世纪后期科技迅速发展的重要原因是一些国家的教育改革。从小培养幼儿爱好和实物接触，养成敢于更新试验的习惯，发展了在客观实际中探索规律的理性活动。这些科技思维和行为通过婴幼儿教育植根到人的一生中。回顾我国 20 世纪初年的情况，就可以看到和这种教育的巨大差距，甚至方向性的差别。当时婴幼儿教育的目的是要把儿童的思想行为纳入传统的规范，所以把朗诵经典著作作为知识的入门，读书成了受教育的同义词。这种教育在一个滞止、封闭的社会中是有它的功能的。和我同龄的中国人虽则已有开始接受"新学"的，但还有不少是从背诵"四书"启蒙。所谓"新学"就是对这种僵化的传统教育的改革。如允许我提到我个人的经历，我的母亲正是在中国最早提倡新式幼儿教育的人。她在我家乡创办了一所蒙养院。所以婴幼儿教育在这方面的改革在我国起步是较早的，但发展尚不十分理想。

如果说科技进步是经济发展的基本动力之一，人们为适应这种需要，在教育上做出改革是相当重要的。尽管发达国家对这种改革也远没有完成，但是它们在这方面确是找到了一些可供发展中国家借鉴的经验。在这里我想着重指出，为克服当前世界上经济发展不平衡的状态，实现全世界共同繁荣的目标，不仅应当在先进国家的婴幼儿教育里总结出一套有效的经验，发展中国家也应认真总结自己的经验，提供本国及别国参考和借鉴，以促使它们能早日赶上先进水平。

我特别关心的是另一方面的教育工作，那就是怎样去培养出善于在文化多样性的世界里能和平共处、并肩前进的21世纪的人。我之所以特别关心是因为我认为目前世界各国的教育还很少重视这个问题。

当前国家与国家、民族与民族、种族与种族、宗教与宗教等等之间的公共关系，已经由于地球越来越小，使它们之间互相接触越来越频繁，而变得越来越复杂。早期由部落和血族斗争所遗留下来的那种以对抗来解决矛盾的办法已因科技发达逐渐失去其实际可行性。这个一发牵全局的世界，星星之火，足以燎原，超常毁灭性的武器所威胁的不只是斗争的对方，而且将包括自己在内的整个人类的生存。这已经是一般的常识。因而也使得这一类的矛盾必须避免发展成非常严重的对抗性质。但是到目前为止，针对这种威胁的思路却还是从减少或销毁这类武器本身着眼。20世纪的整个年代似乎还没有走上更理想的道路。

我想提出来讨论的是，我们是否可以从人的思想和意识方面积极地进行和平共处的教育，就是在精神文化领域里建立起一套促进相互理解、宽容和共存的教育体系。我称这种体系为 Cross-Cultural Communication。这个体系包括了21世纪人共同生存的根本规则，显然将联系到人对人，人对社会，人对自然等的基本意念，这些基本意念是每个人从小养成的。因之可以纳入我们讨论21世纪婴幼儿教育的范围。

人与人，族与族，国与国怎样共处本来不是新问题，是自从有了人，有了民族，有了国家之后必然要解决的问题，否则就不会有今天的世界。在这个问题上，在世界各洲和各国的历史上都有不少经验和教训。现在已有人提出对话代替对抗的主张，这是一个好的开端。对话要有共同的心理准备，那就是双方必须平等相待，宽容相对。在大家必须一起生活在这个小小的地球上的时候，人们共同利益是具体的，因而人们的理智可以在解决矛盾中起主导的作用。我们要培养这种能适合于21世纪世界中生活的人，也主要是打下这种理性的态度，这又必须从小加以培养，是婴幼儿教育中的重要任务。

我很抱歉，由于我缺乏婴幼儿教育的知识和经验，请允许我，把这种教育的具体设计留给更合格的和同意我这种观点的朋友们去进行吧。

1989年7月30日

孔林片思[1]

今天是北京大学社会学系建立的10周年,我本想借此机会总结一下我对社会学这门学科的看法,但没有时间准备,所以只能即席讲一讲我目前在思考的问题,谈谈自己的活思想。

10天前我刚从山东考察回来。在山东考察了沂蒙山区,了解山区发展的情况是我此行的目的。另外附带还参观了曲阜的孔庙、孔府和孔林,又到泰安登泰山,靠缆车上了南天门,遥望十八盘,自叹年高难攀,衰老由不得人。我想了很多,从登山我想到了建设中国现代化的艰巨性,也想到了建设一门学科的艰巨性,哪里谈得到从心所欲。

10年前重建中国社会学的时候,我就给自己规定了个任务,就是跟上中国农村变革和中国社会发展的步子,认识它,认识这种变革和发展,并将它们记录下来。应该说,这10年是我一生中最好的10年。我利用一切给我的机会,每年都出去跑,出去看。现在除了西藏和台湾没有去外,其他省、区几乎都跑遍了。西藏是医生不让去,怕我身体吃不消,

---

[1] 本文是作者在"北京大学社会学10年"(1992)纪念会上的讲话。——编者

台湾是时机还不成熟。10年来,我马不停蹄地跑,越跑越觉得自己跟不上时代变革的步伐。

1989年我在《四年思路回顾》中对珠江三角洲城乡发展模式曾做了初步分析,现在看来已经很不够,太简单了。于是今年3月初,我又抽出10天时间,到这地区的顺德县做重点访问。返程中顺便还在东莞和番禺停留了一下。对珠江模式有了一些新的认识,并写了《珠江模式的再认识》。

4月下旬,我又到了浦东。龙是中国的象征。"龙的传人"已经进入歌曲。中国怎样才能真正变成一条龙?我看只有把经济全面发展起来,才能成为个名符其实的大国。这需要一个总体战略设想。这条经济上和文化上的大龙得有个龙头、龙身和龙尾。我看形势,或者可以说龙头就是上海。长江是一条可以带动整个内地发展的脊梁骨。龙尾有两端,长得很。一端在西南,以攀枝花和西昌为中心的南方丝绸之路;一端在西北,以兰州为中心,西出阳关的亚欧大陆桥。这是一个中华大龙的总格局。只能有了一个总格局,才能讲各地区的发展怎样配合,才能讲一个个中国人应当怎么办,才能讲每个人自己的位置和出路在哪里。

前两年许多外国朋友为了庆祝我80岁生日,在东京举行了一次研讨会,讨论我对中国社会的研究。我在会上宣读了一篇文章叫《人的研究在中国》,主要讲我一生研究中国农村中应用的比较方法,发表在《读书》杂志1990年第8期上。至于人的研究,内容很广,可以从人们的身体到人与人之间的关系,我所接触到的只是其中极小的一部分,说不到有多大分量。

这次到了孔庙我才更深刻地认识到中国文化中对人的研究早已有很悠久的历史。孔子讲"仁"就是讲处理人与人之间的关系,讲人与人之间如何相处。孔子的家族现在已经到了76代了,这说明中国文化具有多么长的持续性!"文化大革命"中有人要破坏孔庙,群众不让,被保护了下来。为什么老百姓要保护它?说明它代表着一个东西,代表着中国人最宝贵的东西,这就是中国人关心人与人如何共处的问题。

海湾战争之后人们已注意到战争造成了环境污染,认识到了人与地球的关系。这是生态问题。地球上是否还能养活这么多人,现在已经成了大家不能不关心的问题了。这是人与地的生态关系,但最终还是要牵连到人与人的关系上来,反映在人与人之间怎样相处,国与国之间怎样相处的问题。这才是第一位的问题。这个问题现在还没有很好地提出来研究,看来人类在这个问题上还没有足够的觉醒。

到泰安之前,我去了邹平县。邹平是梁漱溟先生当年搞乡村建设的基地。我去给梁先生的墓上坟,明年是梁先生100岁纪念。梁先生的墓建在半山上,视旷眺远,朴实如其人。这说明邹平的老百姓尊敬他。他为人民做了好事,人民会永远纪念他。梁先生在邹平7年,从事乡村建设实践,大力开展乡村教育、推广科学技术,改良农村经济,取得了一定成效。梁先生的主要观点之一是强调中国文化有它自己的特点,他把世界文化分成三种模式,西方文化、中国文化和印度文化。这三种文化造就了三种人生态度：西方人注重物质外界，力图改变环境，满足生活的物质需要；中国人不尚争斗，力谋人与人之间友爱共处，遂生乐业；印度人则纠缠在物质生活与精神生活之间永远调协不了的矛盾里。西方人讲了科学，促进了生产，发展了生产力。这是好的，但还有一面就是这种态度既可活人又可杀人。他们忽略了人与人之间应当怎样相处。

我们中国人讲人与人的相处讲了3000年了，忽略了人和物的关系，经济落后了，但是从全世界看，人与人相处的问题却越来越重要了。人类应当及早有所自觉，既要充分认识人与环境的关系，更要明白人与人之间怎样相处才能共同生存下去，现在南北关系是很不合理的。第三世界中的中国，人口就占全世界人口的1/5。而发达国家在世界上同样占1/5的人口却占用了4/5的资源。这样的世界上人与人怎么能和平相处下去呢？21世纪是一个危险的世纪！这一点应当引起重视，如何进一步研究它，也值得考虑。

我从30年代开始研究的是如何充分利用农村的劳动力来解决中国的贫困问题。物质资源的利用和分配还属于人同地的关系，我称之为生态的层次。劳动力对于财富的占有就是人与人之间的关系了。我个人的研究到今天为止，还没有跨出这个层次。现在走到小康的路是已经清楚了，但是我已认识到必须及时多想想小康之后我们的路子应当怎样走下去。小康之后人与自然的关系的变化不可避免地要引起人与人的关系的变化，进到人与人之间怎样相处的问题。这个层次应当是高于生态关系。在这里我想提出一个新的名词,称之为人的心态关系。心态研究必然会跟着生态研究提到我们的日程上来了。

生态和心态有什么区别呢?我们常说共存共荣,共存是生态,共荣是心态。共存不一定共荣,因为共存固然是共荣的条件,但不等于共荣。

人们心态正在发生着变化,心态的关系及其变化由谁来研究?目前,文艺界正在接触这个问题,作家们用小说的体裁来表现人们的心态,但还没有上升到科学化的程度。怎样上升到科学化?弗洛伊德做出了尝试,但他却从"病态"来研究人的心态,这是从反面来探索的路子。我们需要从正面来研究,谁来研究?过去是孔夫子,他从正面入手研究心态,落入了封建人伦关系而拔不出来,从实际出发而没有能超越现实。他的背景是春秋战国时代,那是中国古代的战国时代。现在世界正在进入一个全球性的战国时代,是一个更大规模的战国时代,这个时代在呼唤着新的孔子,一个比孔子心怀更开阔的大手笔。

我们这个时代,冲突倍出。海湾战争背后有宗教、民族的冲突;东欧和原苏联都在发生民族斗争,炮火不断。这是当前的历史事实,在我看来这不只是个生态失调,而已暴露出严重的心态矛盾。我在孔林里反复地思考,看来当前人类正需要一个新时代的孔子了。新的孔子必须是不仅懂得本民族的人,同时又懂得其他民族、宗教的人。他要从高一层的心态关系去理解民族与民族、宗教与宗教和国与国之间的关系。目前导致大混乱的民族和宗教冲突充分反映了一个心态失调的局面。我们需要一种新的自觉。考虑到世界上不同文化、不同历史、不同心态的人今后必须和平共处，在这个地球上，我们不能不为已不能再关门自扫门前雪的人们，找出一条共同生活下去的出路。这使我急切盼望新时代的孔子的早日出现。看来我自己是见不到这个新的孔子了。但是我希望在新的未来的一代人中能出生一个这样的孔子，他将通过科学，联系实际，为全人类共同生存下去寻找一个办法。

这个孔子需要培养，我们应当学会培养孔子。要创造一个环境、一种气氛。这个时代在思想上理论上必然会有很大的争论，在争论中才能筛选出人类能共同接受的认识。在这种共识的形成过程中中国人应当有一份。各国都应当有自己的思想家。中国人口这么多，应当在世界的思想之林有所表现。我在宜兴的新闻发布会上曾说过：中国是了不起的，中国的土地养育了50个世纪的人，50个世纪一共养活了多少人？现在活着的有11亿，还要盼望它再养活50个世纪的人。这不是值得研究的奇迹么？我们不要忘记了历史，这么长的时间里，我们中国人没有停止过创造和发展；有实践，有经验，我们应当好好地去总结，去认识几百代中国人的经历，为21世纪做出贡献。

这些都是我坐在车上穿行孔林时的飘忽的片片思绪。我想到我对人的研究花费一生的岁月，现在才认识到对人的研究看来已从生态的层次进入了心态的层次了。但在这方面，我还能做出什么成就呢？泰山十八盘，我只能望而兴叹了。

刚才社会学系的同志在发言中谈到社会学的发展要理论联系实际，教育与实际相结合。这都很对，但要落实，必须具体化，要善于研究发生在周围的变化。许多东西在我们的周围还在不停地发生着变化，我们却往往没有感觉到。只有紧紧抓住生活中发生的问题，多问几个为什么，然后抓住问题不放，追根究底，才能悟出一些道理来。

北大社会学经过10年的努力，我们大家在这个小小的园地中做了许多工作，我希望经过努力，在我们的新一代中出现几个懂得当"孔子"的人。

1992年6月21日

对"美好社会"的思考[1]

非常感谢这次英迪拉·甘地国际学术讨论会为我提供今天这个机会,能在素来尊敬的学者座前陈述我对"美好社会"的一些思考,并听取各位的赐教。

在20世纪行将结束,21世纪即将来临的时刻,提出"重释美好社会"的课题,让赋有不同文化背景的学者交流见解,是一件对今后人类发展具有重要意义的事情。我能参加这次讨论感到十分荣幸。

我是来自中国的人类学者。由于我的学科训练,我不善于从哲学或伦理学的立场来探讨今后人类应当对"美好社会"做出怎样的理解。我只能从人类历史发展的事实出发,对具有不同文化的人和集团所持有的"美好社会"的意念,就其产生、变化和引起的社会效果,并对今后在全球社会形成过程中这种意念会怎样发生变化试做初步思考。

事实上,自从人类形成群体以来,"美好社会"总是群体生活不可缺少的意念。它是表现为诸如神话、传说、宗教、

---

[1] 本文是作者在印度新德里"英迪拉·甘地国际学术讨论会"(1993)上的发言。——编者

祖训、哲学和学说等多种多样形式的价值信念。总之，它是人类社会意识中必备的要素。它不仅体现了组成群体的各个人生活上追求的人生导向，而且也是群体用社会力量来维护的人和人相处的规范。它是个人的主观意识和群体社会律令内外结合的统一体。

"美好社会"的内涵是各群体从不同客观条件下取得生存和发展的长期经验中提炼出来，在世世代代实践中逐步形成，因之它属于历史的范畴。所以，不同的群体对"美好社会"可以有不同的内涵，各自肯定群体共同认可和相互督促的理想。"各是其是，各美其美。"它是群体的社会行为准则的基础，是各群体社会生活所赖以维持的价值体系。具有"美好社会"的意念是人类社会的共相，而所认定的"美好社会"的内涵则是各群体不同历史条件所形成的个性。

在群体能够在自给自足的封闭状态下生存和发展时，各个不相关联的群体尽可以各是其是，各美其美，各不相干。但是，在人类总体的发展过程中，这种群体相互隔绝的状态已一去不复返了。群体间的接触、交流以至融合已是历史的必然。因此在群体中不仅人和人之间有彼此相处的问题，而且群体和群体之间也有彼此相处的问题。价值观点的共同认可使人和人结合成群体成为可能，而群体之间价值观点的认同使群体相互和谐共处进而合作融合，却是个更为复杂和曲折的过程。价值观念不同的群体之间相互往来中，协作是经常的，而且是历史的系统的，人类只有不断扩大其分工合作的范围才能进步。但是矛盾甚至冲突也是不免的。当任何一方触及对方的生活以至生存的利益而发生冲突时，双方都会利用其价值信念对内作为团结群体的凝聚力量，对外作为指责对方的信念为异端以形成同仇敌忾的对抗力。因而，意识形态上的相异被卷入了群体冲突的场合。这类冲突甚至可以发展到兵戎相见。历史上群体之间以意识形态中价值观念的歧异为借口而发生的战争世不绝书，至今未止。当前世界依然面临这种危险。

在这里简单地回顾一下人类的近代史也许是有帮助的。500年前，西班牙人哥伦布发现了一个过去没有欧洲人到过的"新大陆"。这个发现不仅是欧洲人新的地理知识，而实际上是欧洲甚至世界进入了一个新的历史时期的标志。以欧洲的文艺复兴、宗教革命带来的现代科技和经济的发展，把整个地球上的各个大陆都紧密地联系了起来；原来分布在五大洲广大地域的无数人类群体却从此不再能相互隔绝，各自为生了。但是它们在这500年里，并没有找到一个和平共处的秩序，使他们能同心协力来为人类形成一个共同认可的美好社会。相反，从海上掠夺，武装侵略，强占资源开始，进而建立殖民统治和划分势力范围，形成了以强制弱，争霸天下，战争不绝的形势，这都是过去500年里的历史上的事实。在这段历史里，人类科技的发展固然一方面加强了人利用自然资源的能力，同时，却也出现了人类可以自我毁灭的武器。以上这短短几句话里所描述的局势，此时此刻正引起了广大人士包括在座同人的困扰和忧虑。

我个人在20世纪里生活了有80多年，从出生不久即发生的第一次世界大战起到现在,可以说一直生活在大大小小的战争的阴影下。两次世界大战给人带来了严重的灾难,我们这样年纪的人都记忆犹新。这使我感觉到,全球性的世界大战可能就是这个20世纪在整个人类历史里的独特标志。在它之前,群体间的战争是常有的,但没有过包括整个世界那样大的范围。在这个世纪行将结束的时候,我相信世界上没有人会还不明白,如果20世纪的这个经历继续进入21世纪,再来一次世界规模的战争,已有的人类文明,甚至整个人类,将告结束。但是怎样使人类在21世纪里走上一条能和平生存下去的新路呢?我认为这就是这次为纪念甘地夫人而举行"重释美好社会"讨论会共同关心的主题。

我总是认为各群体间价值观念和意识形态上存在一些差别不应成为群体冲突和战争的根据。如果用比较方法去具体分析人类各群体所向往的美好社会,基本上总是离不开安全和繁荣这两项基本愿望。这两项基本愿望只有通过群体和平协作来实现,没有引起你死我活相对抗的理由。因此我总是倾向于认为历史上群体间所有意识形态之争,不论是宗教战争、民族冲突以至结束不久的"冷战",实质上都是群体间物质利益的争夺,意识形态的水火不相容原是物质利益争夺的借口和掩饰。

我也承认意识形态的歧异之可以被利用来作为其他实质的矛盾的借口和掩饰而上升为对抗,也有人类常有的心态作为基础。那就是各个"各美其美"的群体在相互接触中,发生了"唯我独美"的本位中心主义,或称自我优越感,排斥和自己不同的价值标准。中国古书上就记下了早期人类本位中心的信条,即"非我族类,其心必异",那就是说凡是和自己不属于同一群体的人不能会有一条心的。本位中心主义必然会发展到强制别人美我之美,那就使价值标准的差别形成了群体之间的对抗性矛盾。我们古代的孔子从根本上反对这种本位中心主义,提出了"有教无类","己所不欲,勿施于人",意思是在可以接受教化上,人是不分类别的,凡是自己不愿接受的事,不要强加于人。人的价值观念可以通过教育取得一致,但是不能强加于人。

在这里可以回想起结束还不久的"冷战"时代。过去一般总是把这个时代看成是意识形态对抗的时代。事过境迁,现在是否可以说有识之士已开始明白,冷战的实质还是两霸对势力范围的争夺。不久前没有通过公开的战争,一时西风压倒东风,在旦夕之间结束了冷战。如果冷战的实质是意识形态之争,意识形态决不是旦夕之间可以改变的,必须经过长期的群众自觉思想转变才能实现。

再看我们中国在解决香港顺利回归祖国的问题上提出"一国两制"的原则。这个原则的实质是从正面来说明以不同意识形态为基础的两种社会制度是可以在统一的政治体制下,一个主权国家之内,并行不悖,而且可以相互合作取长补短,促进共同繁荣的。那就是把意识形态和经济政治予以分别处理,求同而存异。

20世纪最后的10多年中所发生的这些新事物值得我们深入地进行理解,其中是否可以得出一种看法,人类大小各种群体是可以各自保持其价值体系而和其他群体建立和平互利的经济和政治关系,只要大家不采取唯我独美的本位中心主义,而容忍不同价值信念的并存不悖。在群体间尚没有通过长期的交流达到自觉的融合之前,可以在求同存异的原则下取得和平共处并逐步发展为进入融合一致的大同世界准备条件。

作为人类学者,入门的第一课就是要设身处地从各群体成员的立场去理解各群体人们的实际生活。我们要学会"美人之美",像各群体自己的成员那样欣赏和领悟他们所爱好的价值体系。"美人之美"并不要求"从人之美",而是容忍不同价值标准的并存不悖。但要求摆脱本位中心主义,而采取了多元并存的观点。应用到经济上,是不要阻障有利于双方的竞争,不采取只图单方面的短期利益的保护主义,而坚持相互开放和机会平等;应用到政治上,首先是不要干涉别的主权国家的内政,不以力服人,而以对话代替对抗,平等协商来处理国与国之间的矛盾。这是在人类的各群体还没有融合成一体,而政治和经济已经密切联系的现阶段,也可能就是即将来临的21世纪,我们可以力求做得到的现实态度。"各美其美"和"美人之美"并不矛盾,而是相成的。只要我们能更上一个认识的层次,大家在求同存异的原则上完全可以建立起亲密的共同合作相处。

这些作为群体之间共处的基本守则,是为一个完全繁荣的全球大社会的形成做出必要的准备,也是避免在这大社会形成之前,人类历史进程受到灾难性的挫折,而倒退回到不文明的状态,或甚至使人类让出其主持这个地球发展的地位。

作为一个人类学者,我也坚信人的信念,群体的社会意识形态是不断变化和发展的,我们永远是一个从不够美好追求更为美好的过程中,分散独立的人类群体经过了百万年的历史演化,到目前已可以遥望到一个囊括全人类的协作发展的全球性大社会。这个全球性大社会我们中国古人就称为大同世界的共同道德秩序,怎样实现和什么时候实现,在目前还活着的人也许尚难以做出答案。但是又只有在当前人类的努力追求和不懈探索中,这个最后的"美好社会"才会出现在这个地球上。

以上我冒昧地如实表达了我个人的一些看法,请多予指正。

1993 年 7 月 14 日

反思·对话·文化自觉[1]

下面是根据我在北大社会学人类学研究所开办的第二届社会文化人类学高级研讨班上多次发言的录音整理编成的记录。我历来不喜欢在讲课时照本宣读我已写出的讲稿,而喜欢随稿补充一些即席的思考,这也可名之为"讲课旁白"。

一

上届研讨班上我们大家约定:回去后都到田野去做一次调查研究,对中国社会和中国文化思考思考,过一段时间大家再聚在一起互相汇报心得。一年过去了,今天能在这里召开第二届研讨班,实现了这个约定,我感到十分高兴。同时李亦园教授主张,这样的研讨会不仅要有第二届,还要有第三届、第四届,每年召开一次,继续开下去,我十分赞成。在这里我也得表示一下决心,只要我还活着,不论哪一届,

---

[1] 本文为作者在1996年北京大学社会学人类学研究所高级研讨班上的讲稿,原载《北京大学学报》(哲学社会科学版)1997年第3期。——编者

我一定参加。当然有一个前提,决定权不在我手上,要看老天还打算让我在这个世界上再活多少年。我是属狗的,依传统算法,已经88岁了。俗话说:"八十不留宿"是指像我这样年纪的人到人家去做客,主人不愿再留我在他家过夜了,为的是谁也保不住第二天我是否还能起得来。我这样长的寿命,已超过了我的几位老师,包括吴文藻、潘光旦、史禄国、马林诺斯基。但在学术成就上实在无法相比,我对几位老师,只有惭愧二字可说。从《花蓝瑶社会组织》和《江村经济》的两次实地调查算起,到去年已过了60年,老话是一个花甲了。如果不是在1980年我又获得第二次学术生命,我这一生就留不下多少对后代也许还会有用的遗产了。也正是这种"岁月春水逝"的生命短促感,促使我这10多年来不停地"行行重行行",力求此生能对得住祖祖辈辈的培育和期待。

最近这几年,我在外地跑得少了一些,原因不尽是由于年老力衰,而是因为我打算用这最后的一段生命,把自己一生中已经写下的东西多看看,结结账,写一套反思性质的文章,这不能不占去我一部分时间。我曾利用上一届的研讨班推出了我重读马老师文化论的体会一文,作为我在这个研讨班上的第一讲。同时我也为这届研讨会上的第二讲预定了内容,打算发表我对《江村经济》一书的反思。讲稿是写了出来,却花了有好几个月。今秋定稿时正好许多亲友建议利用我江村调查60周年的机会,大家到我家乡去欢叙一番,顺便去看看今天的江村。我就把那篇刚写好的文章送交《北京大学学报》(1996年第4期)印发,供大家讨论之用。

北大社会学人类学研究所决定召开这届研讨班时，又把这篇讲稿编入《社区研究与社会发展》一书中，在讲课前分发给参加这届研讨班的学员们。一稿两用，不得已也。但因此大家能在听讲之前，看到这篇讲稿，思想上有些准备便于听得明白我这个南腔北调的口音。这篇讲稿题目是《重读〈江村经济〉序言》。讲稿既然预先发给你们了，由你们自己去念好了。我将利用这两个小时，随心所欲地讲些有关这篇讲义的旁白。

这篇讲稿也是我正在写的一系列反思文章中的一篇，和在上一届研讨班上所讲的是相连续的。现在电视不是时兴连续剧么？我写连续性的文章，固然有点赶时髦的味道，其实这也是我在抗战时期养成的习惯。《乡土中国》《生育制度》等等都是先写连续性的文章，然后合编成的。我这一系列反思文章还刚开始，打算还要写下去。我这样说不是又在作预约，而是想说，各位最好把我的那几篇反思文章连起来念，一个人的思想是不断发展的，前后有个继承性、连贯性，不掌握其中的思路，也就难于理解作者想在所写的文章中表达的论点。

我今天提供大家的那篇讲稿，不仅是想为我写的那本《江村经济》在人类学这门学科里定个位，而且也想借此说明这篇序言的作者，马老师，对这门学科发展上的贡献。我想把我今天的讲稿和60年前开始动笔的那本《江村经济》和马老师为这本书写的序言，三者连结起来，来说明第二次世界大战前这门学科发展的一段经过。用以引出人类学在当前的处境和可能出现的新突破。

我在这篇讲稿里一开始就声明,我这本《江村经济》是一棵我无心插下的杨柳。马老师在序言里对它的评语,我当时不仅没有预料到,甚至没有完全理解。也就是说我在江村调查时并不是有意识地要用此把人类学这门学科推进一步。当时我还是个初入门的年轻小伙子,既没有这眼光,也没有这雄心,甚至我在江村调查时并没有想到会写成一本书。我是在我姊姊的好意安排下到江村去养伤的。从插在这本书里的相片上还可以看出我当时扶着手杖,病容满面,一副未老先衰的样子。我是凭着从当时留我寄宿的农民合作丝厂给我的深刻印象和启发中想为这"工业下乡"的苗子留下一点记录而开始做江村调查的。

这棵无心插下的树苗,得到了泥土和雨水的滋养居然成活并长大了。论文写成,又印成了书出版,马老师还为它写了序。序里写些什么,我只是在伦敦回国前从出版这本书的书局送来该书的校样上粗粗地看了一遍,说实话印象并不深。当时占着我心头的是国内抗日战争。我记得船过印度停泊时才知道汉口和广州已经沦陷,当时我和同伴们正忙着办越南起岸和过境的签证手续。我和《江村经济》英文本初次见面是在1948年清华胜因院的书房里,离开这本书问世已有10年之隔。

我从西贡上岸经河内回归祖国。到达云南的昆明后,接着我就遵循马老师的主意,在滇池边上继续搞农村调查。其后,抗日战争结束后,内战发生,我开始投身民主运动。

在这段时间里，我在学术工作上只完成了《云南三村》的中英文稿，英文本的名称还是用了和马老师同桌吃饭时他建议的 *Earthbound China*。中文本《云南三村》直到1990年才正式出版。闲话不说了，总之我对这本《江村经济》的认识是逐步形成的。这次为了要准备这届研讨班的讲稿，才用心细读此序，似乎开了窍。我现在的想法，认为马老师写这篇序的目的，似乎并不完全在评论我这本书，而是想借这篇序吐露他自己心头蓄积着的旧感新愁。

我在讲稿里已说出了我这一点体会，不必在此重复。他当时正面对第二次世界大战的严峻形势，心头十分沉重，所以说"我们的现代文明，目前可能正面临着最终的毁灭"。他介绍我时强调我是个"年轻爱国者"，他对我能有机会成为一个"研究自己民族"的人类学者，用自己的研究成果真正"为人类服务"，竟流露出"时感令人嫉妒"，甚至他表白对"自己的工作感到不耐烦"，他用了"好古、猎奇和不切实际"来贬责当时的许多人类学者。他还自责"人类学至少对我来说是对我们过分标准化的文化的一种罗曼蒂克式的逃避"。这些话我现在看来正是一个寄寓和依托在拥有广大殖民地的帝国权力下失去了祖国的学者的气愤之词。但是为了表达他的信心，他紧接着又说："我认为那面向人类社会、人类行为和人类本性的真正有效的科学分析的人类学，它的进程是不可阻挡的。为达到这个目的，研究人的科学必须首先离开对所谓未开化状态的研究，而应该进入对世界上为数众多的，在经济和政治上占重要地位的民族较先进文化的研究。"

我重复这些话是要指出马老师在把现代人类学者从书斋里拉进充满着新鲜空气的"田野"之后，接着他很明白地表示要把人类学的研究从野蛮人的田野拉进文明人的社区里去。在人类学的发展过程中第一步从书斋到田野的转变上他是立了功的，但从野蛮到文明的第二步，他在一生中并没有实现。目前那些以"文化领导人""掌握着优势文化"自居的人还坚持着先进和落后之分，实质就是上一代的"文野之别"。这条鸿沟看来一时还难于跨越。这是我体会到马老师的内心的新愁。

我自问自己怎么会似乎毫不经心地跨过了这个"文野之别"的呢？马老师的这篇序又替我回答了这个问题，他在序末的一段话里说："作者的一切观察所具有的特征是，态度尊严、超脱、没有偏见。当今一个中国人对西方文明和西方国家的政治有反感，是可以理解的。但本书中没有显示出这种迹象。事实上通过我个人同作者和他的中国同事们的交往，我不得不羡慕他们不持民族偏见和民族仇恨——我们欧洲人能够从这样一种道德态度上学到大量的东西。"他替我所做的答复是归根于中国和欧洲在文化上的差别，即他所说的道德态度上的基本差别。中国人在马老师看来并不像欧洲人那样心存民族偏见和仇恨。马老师这个概括是否正确还有待实证。我常自己审察自己总觉得我们传统文化中对异民族的偏见不能说没有，但是和欧美相比是有差别的。我在讲稿里已提到过欧美人类学里反映出来的"文野之别"历来被认为是文化本质之别，甚至在30年代还有人怀疑土著民族的头脑是否具备欧美白种人所认为人之所以为人的理性。西方人类学的学者中否认"野蛮人"有逻辑思想的为数不少。这个问题到了马老师的时代还要由他挺身而出极力争辩,巫术并不是出于缺乏实证的逻辑思想。

在我们的传统文化里也有夷夏之别,但孔子一向主张"有教无类"。教就是可以学习得到文化,类是本质上的区别。孔子看到他不能在中原行其道,曾想乘桴浮于海,甚至表示愿意移居九夷之中,就表白他认为夷夏只是文化上有些差别,有教则夷即入华,人的本质是一致的,并没有不能改变的本质上的区别。

通过我的行为和思想,在马老师眼中看出了我们中国人和欧美人在道德素质上的不同,也许就是这种不同,使我在进入人类学的领域时,很自然地闯过了"文野"这一关。这一点认识使我更感觉到要理解一门学科的发展绝不能离开学者所有的文化素质。我们中国人要认真地去研究人和文化,就不能不警惕各种理论的历史背景和从事这门学科的人的文化修养。

二

我在这个高级研讨班上的两次讲稿,都可以归入我所说的反思性质的文章中,就是回过头来,多读几遍自己过去发表的文章,把自己新的体会写下来。这类文章我是从

1993年在苏州召开的两岸三地社会人类学座谈会上开始的，当时我在会上宣读了《个人·群体·社会》一文，是我重读《生育制度》一书时的新体会。1994—1995年又写了两篇关于怀念我在清华研究院的史禄国老师的文章，和一篇对我《小城镇 大问题》那篇文章的10年回顾，以及去年在第一届高级研讨班上所讲的关于马老师《文化论》的体会。以上几篇已收集在《学术自述与反思》这本新近出版的文集里。现在还可以在市面上买得到。这一系列文章是我这几年开辟的一条推进我学术思想的新路子。希望这个研讨班能帮助我对我过去写的文章、出版的文集，多提意见。我受到了启发之后，可以在班上一次一次地写我的讲稿，作为答谢。

学术反思并不是我发明的，拿我个人来说就是从马老师那里学来的，是从他在LSE讲课时所采用的"席明纳"方式中推衍出来的。"席明纳"是seminar的音译，其实就是有一位教授主持的学术研讨班。采用这种方式来改变过去"先生讲，学生听"的教育方法。采取了由学生讲，通过师生平等的对话和先生与学生一起讨论，最后由先生总结的教育法。我正在试验的学术反思其实就是自我讨论或称自我对话，针对我自己过去的学术成果，通过自己的重新思考，进行自我反思。我把这些反思文章作为讲稿，请参加研讨会的同行们一起用对话方式进行研讨，性质上是一样的。同行们一起对话，比一个人自己对话自然高出了一个层次，接近于我在30年代参加的马老师的"席明纳"。

鼓励对话，使这一届研讨班比上一届研讨班前进了一步。上一届主要是请了几位在人类学这门学科里已有一定学术地位的各国学者做主讲，各人讲各人的，参加研讨班的学员只是到会听讲，很少像这届大家进行对话，因之多少还偏向于传统的"先生讲，学生听"的一般上课方式。这一届研讨班上有了改变，学员间的对话增多了，大家放言无忌，真是一个大改进。可以说是开创了一种学术新风。这不仅得到学员们的积极支持，而且在对话中，我确实得到很多启发，充实了我今后继续"反思"的内容。

举几个实例来说，在这届研讨班上有一位学员对我所说的"文化没有界线"这句话提出质疑。这位学员是出生在新疆多民族地区的汉族移民，现在北京工作。她说从她本人的生活体验中感觉到到处都碰着文化的界线。我听了之后发觉她感到的"文化界线"很值得深入思考。我初步想到的是她是个生活在不同文化相互接触地区的人，文化间的差别在她是生活中日常可以感觉到的活生生的事实。她在新疆生活时，带着外来文化的底子，在本地人看来她还没有完全融合在本地文化里；当她回到原籍，又因为在外地生长过，留有外地文化痕迹，有点异味。这种人在社会学里有人用"边际人"来形容他。边际和边界不同。边界是地域上用来划分两个不同单位的界线，在界线两边分属于不同的单位，一过界就属于另一个单位。两方不相重叠。边际是对中心而言的。从一个中心向四周扩张出来的影响，离中心越远，受到的影响就越小，成一种波浪形状。这相当于力学里"场"的概念，适用于声、光、电、磁。场就是一种能量从中心向四周辐射所构成的覆盖面。在这一片面积里，所受强度只有程度上的差别，深浅、浓淡等等。但是划不出一条有和无的界线。行政区域是属于前一种状态，在地图上可以用一条线划定边界。而文化属于后一种状态，有中心和扩散的范围，远离中心的可以称为边际。边际是不能用界线来划定的。两个文化中心可以向同一地域扩散，所以常出现互相重叠的边际。这种受到不同文化波及的人，可以称作"边际人"，是文化接触中出现的现象。我回想到早年在《乡土中国》中用"差序格局"来表达亲属关系的结构形态，意义并不十分明白。经过这次对话，遇到了文化有没有边界这个问题，我才进一步想到用"场"的概念来补充"差序格局"的意思。这是我从这次对话中得到的启发。

由于提出文化是否有边界的问题，促使我联想到我们当前正生活在其中的这个世界上，若干主要文化正处在大规模的接触、冲突、嫁接，一直到融合的过程中。我在考虑是否应当引进"场"这个概念来认识这个过程。我注意到现在西方的欧美国家里出现了一种把文化和国家这个制度挂钩的倾向。把国家的领土概念引申到文化领域中来，把不同文化划出界线，以强调文化冲突论。我意识到这种看法是有很大危险的。如果把边界的概念改成"场"的概念，也许可以纠正这个倾向。"场"就是由中心向四周扩大，一层层逐渐淡化的波浪，层层之间只有差别而没有界线，而且不同中心所扩散的文化场在同一空间互相重叠。也就是在人的感受上可以有不同的生活方式、不同的规范，可以自主地选择。把冲突变成嫁接、互补导向融合。

在扩大对话的范围中,这次研讨班从文化是否有界线这个问题,引起了一位鄂伦春族的学员提出的文化存亡问题。鄂伦春是个长期在森林中生存的民族。世世代代传下了一套适合于林区环境的文化,以从事狩猎和饲鹿为生。近百年来由于森林的日益衰败,威胁到这个现在只有几千人的小民族的生存。提出的问题是,从鄂伦春的立场看,要生存下去应当怎么办?其实这不仅是鄂伦春人特有的问题。在我看来这是个现代人或后工业化人类的共同问题,是一个人类文化前途问题,值得我们研究文化的人重视和深思。

我这样说是因为我想到这是个人和文化的关系问题。人利用自然资源,创造、维持和发展了自己的人文世界。文化是人为的,也是为人的。从这方面看去,鄂伦春人碰到的是人创造的利用自然来为自己服务的狩猎文化因森林的破坏而受到了威胁。如果坚持原有的文化,就会导致人的灭亡。现在正面对一个严酷的选择,保存文化呢还是保存人?如果依照我的文化是为人的认识,选择是明显的,就是要保持的是人而不是文化。这就是说鄂伦春人只有从文化转型上求生路。问题是怎样转,转向何处?

我记得我在访问大兴安岭鄂伦春人时曾建议他们能不能发展饲鹿业来代替狩猎,又因他们提出了鹿种退化问题,我曾向农业部申请向当时的苏联引入鹿种。后来听说这件事办成了。但是我没有去追踪调查,不知道鄂伦春人是否发展了饲鹿业。我当时的建议是想到文化转型不大可能是个急转弯。从狩猎文化要转到农业或工业文化是有困难的，其中不妨用已有传统的饲畜文化作为过渡台阶。这个想法看来是可行的。我又在这个思路上，后来提出善于发挥原有文化的特长去发展少数民族经济的主张，其实这个思路和我提倡乡镇工业和庭院经济的主张是一脉相通的。

我认为文化转型是当前人类的共同问题，因为现代工业文明已经走上自身毁灭的绝路，我们对地球上的资源，不惜竭泽而渔地消耗下去，不仅森林已遭难于恢复的破坏，提供能源的煤炭和石油不是也已在告急么。后工业时期势必发生一个文化大转型，人类能否继续生存下去已经是个现实问题了。

以上我举的两个例子，说明了我在这次研讨会上从对话中得到的收获。我相信为了在班上讲课我在准备讲稿时所进行的反思和在班上与同仁们的对话，确实已成为推进我学术生命的动力。我希望这样的研讨班能继续下去。反思和对话这两个法宝能继续发挥作用。

三

反思和对话是我们这届研讨班采用的行之有效的方法。但是目的是什么呢，我们当前的社会人类学走向何处？也就是我们从四面八方、五湖四海来到这里参加这个研讨班，所为何事？在这个班刚开始时，我自己也回答不了这个问题，但经过了实践，我开始觉得逐渐有点明白了。我们大家一起回顾了几代人对人类文化的研究经过，大家都亲自参加了"田野工作"，对我们切身参与的社会生活进行了观察和思考，总结了个人的心得，又在这班上互相对话、讨论。到最后一刻，我想总结一下，问一句：我们大家在搞什么？心头冒出四个字"文化自觉"。这四个字也许正表达了当前思想界对经济全球化的反应，是世界各地多种文化接触中引起人类心态的迫切要求，要求知道：我们为什么这样生活？这样生活有什么意义？这样生活会为我们带来什么结果？也就是人类发展到现在已有开始要知道我们的文化是哪里来的？怎样形成的？它的实质是什么？它将把人类带到哪里去？这些冒出来的问题不就是要求文化自觉么，我们这届研讨班上大家的发言和对话不是都环绕这几个问题在动脑筋么？我提出"文化自觉"来作为我们这个研讨班的目的是否恰当和适合，还得请大家思考、体会和讨论。

我提出这四个字"文化自觉"来标明这个研讨班上的目的，确实是我在为这个班作闭幕发言中冒出来的。但是这个概念的形成也有一个经过，不妨在这里对它作一点跟踪追忆。

上面已说过，我想到要对自己过去的学术思想进行反思可以推到1993年在苏州举行的两岸三地社会学人类学座谈会，那时我已83岁，心头在盘算我如果还要在这个世界上活几年的话，我应当做些什么事？还有哪些未了的心愿？我又自问这一生做了些什么事？立德、立功当然都说不上，可是从14岁开始在《少年》杂志上发表文章起，确实写了不少文章。这些文章大多都在各种刊物上发表了，也就是说通过文字曾对社会发生过影响。这是不是可以说"立言"？

在写文章和拿出去发表时，我并没有想到这并不是个人的行为，而是会对别人发生一定作用的，所发生的是好作用还是坏作用，过去一直未曾感觉到是自己的问题。童年时我看到过我祖母把每一张有字的纸都要拾起来，聚在炉子里焚烧，并教育我们说要"敬惜字纸"。我长大了一些，还笑老祖母真是个老迷信。我长到了老祖母的年纪时我才明白"敬惜字纸"的文化意义。纸上写了字，就成了一件能为众人带来祸福的东西，不应轻视。我一旦理解了祖母的行为和教训，我心头相当郑重，因为我一生对字纸太不敬惜了，想写就写，还要发表在报章杂志上，甚至还编成了书，毫不经意地在国内外社会上流行。"文化大革命"时期，大字报上攻击我到处放毒，罪该万死。事后想来，不无道理。如果我确是发表了一些有害于人民的文章，不能不说是贻害了人。"文革"结束了，别人不再批判我了，我却想到了祖母的遗教，应当自己回头看看我过去的文章和著作。当然不是想像托尔斯泰那样自己把一生的著作付之一炬。已经行世的著作，火是烧不尽的，但这样想至少表白了他个人的心迹。我也明白我写下这么多字纸，并不是我个人的作品，而是反映当时中国知识分子的心态。是非祸福自有历史去公断，不必由我去审定，我要审定也无此能力。但是我至少应当回头把这些旧著作为客观存在的东西，凭老来的眼光，反思一下，再花点字纸，写点反思文章，聊尽作为历史载体的责任。同时我也解决了怎样打点我余生的问题。这是我这几年下笔写反思文章的衷曲。

反思实际上是文化自觉的尝试。如果不停留在个人的"衷曲"上，再前进一层，我所以会发生这些"衷曲"，还是反映了客观的社会现实。我的处境和上节里提到那位出生于新疆移民家庭的我称之为"边际人"的学员，实在是大同小异，我们都是在不同文化的接触、矛盾中求安身立命的人。我当时曾用"上不着天，下不着地"来形容这种人的尴尬状态。旧的文化已不能给我们心安理得的生活方式，新的文化还正处在形成的过程中。我同情鄂伦春族学员的处境，要在保存文化还是保存人中做出选择。概括地说，我们都是生存在文化转型过程中的人物。

在这种心理状态中，我进行反思，重读马老师给《江村经济》写的序言，我就很敏感地联系上了英国人类学在20世纪上半世纪的变化，看到马老师自己越过了从"书斋到田野"这个关。但在面临"文野之别"的那一道关时，只能叩关而未能夺关了。我又看到在我面前关山重重，我在"微型到宏观"的关上观望，在"传说到历史"的关前犹豫，在"生态到心态"的关口缩手缩脚。环视左右，人类学将何去何从至今还没有人能站出来说"俱往矣，数风流人物，还看今朝"。20世纪一转眼就将过去了。新时代的呼唤已在耳边。

这个声音最近由于巧合又在新近译成中文的美国畅销书中听到了。从这个声音里我仿佛又听出了"文化自觉"四个字。

在这次研讨班开始前十几天里，完全是由于偶然的机会，我接触到这一本小说。书名是《塞莱斯廷预言》。这几年，小说对我并不具吸引力。但由于这本小说作者的名字，引起了我的注意。他是不是就是在北京解放前几天回美国的我熟悉的那位当时和我在小学里的女儿差不多同年的小朋友 James Redfield？天下同名同姓多得很。这本小说的作者如果确是我过去的小朋友，那就太有意思了。所以我就在百忙中抽出两天时间把这本小说读了一遍。

这是一本寓言性的小说，虚构的奇遇。作者假托一个美国青年听说秘鲁的塞莱斯廷地方发现了一本古代传下的关于人类过去和未来的预言文本，有点像我在童年时看到过的刘伯温的《推背图》。由于这本预言对当前当局不利，被列入禁读禁传之列。这位青年却偏偏要去寻觅，于是构成了一本探险记。这故事其实并没有惊险场面，不能和美国流行的这类电影相比。但是经过逐段探索到的预言内容却激动了当前美国的读者。这书一出版，1995 年到 1996 年两年间畅销了 600 万册。流传之广成了雄踞榜首的奇书。反映了当前美国群众的精神状态。这却不是件小事，一叶知秋深。

在我看来这本书实际上是一本西方文化的反思录。它假托"预言"，总结了西欧人在公历纪元后第一个"千年"中走过的道路，道出了当今欧美文化的来源去脉，当前遇到的危机，和今后的出路。这是一本可说是用小说体裁编写的一篇人类学论文。

虽则本书的译者有意或无意地没有在本书前后介绍作者

的简历，但从这些问题的提出就不能不使我怀疑我早年的小朋友和这同名同姓的作者是一人。我的这位小朋友是美国社会学和人类学的世家子弟。他的外祖父就是我在燕京大学读书时，教我到人们生活中去学社会学的那位访问教授，他的妈妈又是在我初访美国时帮我翻译《云南三村》和《中国的士绅》的得力助手。在临近解放时她和她丈夫老两口带了个小儿子全家应邀来华，曾在清华的胜因院和燕京的临湖轩落脚。我就是在这时认识了这位我们都叫他作詹曼的小朋友。转瞬间已过了半个世纪。后来我知道詹曼在芝加哥大学继承了祖业，而且曾当过现在知名的华人学者林毓生的博士导师。这就使我怀疑这本小说的作者有可能就是我早年相识的小名叫詹曼的小朋友。如果我猜中了，也算是一回巧合吧。

撒开小说里的奇遇不说，只就它作为西方文化的反思那一部分来说，也是值得我们注意的。作者从第一个千年的西方文化说起，前半个500年里欧洲正处在所谓"中世纪"，人们在"原罪意识"控制下把自己一生命运统统交给了一位全能的上帝去支配，这样浑浑噩噩地过了半个"千年"。后来经过一场宗教革命，推倒了神的权威，接着又被世俗的追求所控制。人们既不再想在死后进入天堂，眼前只有现世的需求。个人的生活关切把人带进了物质享受的小天地里，只求舒适地生活，不再问为什么活着。一生追求感觉上的刺激，到头来落得个心理上的空虚和焦急。在这500年里人类的科技大为发达，使人利用资源的力量大增，配合上但求享受的人生观，对地球上有限的资源，肆意开发和浪费，导致那一部分有权有势可以控制资源的人无餍地挥霍、掠夺。于是这个世界出现了贫富的两极化。如是过者又500年。到目前快要进入第二个千年之前，也就是当前的时候，众生所依赖的大地，因为经不起这样的糟蹋而亏损到了日暮途穷的地步，甚至整个地球都已变色。人们出现了"千年忧患"的情结。以上就是我所说的对西方文化的反思。下个千年还是这样在老路上盲目前进，自毁所赖以生存的生态系统么？秘鲁塞莱斯廷地方所隐藏的那本预言，到此结束了反思，进入了"前瞻"。预言说是人类到了第一千年的结束前那一刻，出了个大转变。这个转变出于强烈的危机感，认识到了人与人之间的争夺物资，必然会导致匮乏。人类到这时才"迷途知返"，才开始打算走出这个匮乏－争夺－更匮乏的怪圈。怎样走出来呢？作者并没能跳出基督教的影响，提出了一个"爱他人、爱自然"的观念作为救命圈，但是人类这条命怎样救得过来？这本《塞莱斯廷预言》似乎没有给出答案。但对于人类最后达到的境界却做了预言：一是计划生育，人口取得控制，二是用机器人代工人劳动，三是物资充沛后实行各尽所能，各取所需。看来这个作者对我们中国现在所走的社会主义道路是赞同的。

  读完这本小说，我觉得作者主张在跨入21世纪之前，西方文化应当清理一下自己的过去，认清自己的真实面貌，明确生活的目的和意义，这不也正是我这一段时间里所想到的"文化自觉"么？看来文化自觉是当今世界共同的时代要求，并非哪一个人的主观空想。

在座的都是有志于研究人类学的学者,对当前人类的困惑自然会特别敏感,对当前新形势提出的急迫问题自然会特别关注。所以我到了耄耋之年,还要在这个班上呼吁文化自觉,希望大家能致力于我们中国社会和文化的科学反思,用实证主义的态度,实事求是的精神来认识我们有悠久历史的中国社会和文化。

文化自觉只是指生活在一定文化中的人对其文化有"自知之明",明白它的来历,形成过程,所具的特色和它发展的趋向,不带任何"文化回归"的意思。不是要"复旧",同时也不主张"全盘西化"或"全盘他化"。自知之明是为了加强对文化转型的自主能力,取得决定适应新环境、新时代时文化选择的自主地位。

文化自觉是一个艰巨的过程,只有在认识自己的文化、理解所接触到的多种文化的基础上,才有条件在这个正在形成中的多元文化的世界里确立自己的位置,然后经过自主的适应,和其他文化一起,取长补短,共同建立一个有共同认可的基本秩序和一套各种文化都能和平共处、各抒所长、联手发展的共处守则。

7年前我在80岁生日那天在东京和老朋友欢叙会上,曾瞻望人类学的前途,说了下面这一句话:"各美其美,美人之美,美美与共,天下大同。"这句话我想也就是对我今天提出的文化自觉历程的概括。

1997年春节于北京北太平庄

附　记

上文定稿后接到詹曼的姊姊丽莎复我的信,告我《塞莱斯廷预言》的作者不是她的弟弟,这两个人是同名同姓。

复信如下:

Feb.20 1997

Unfortunately, the James Redfield who is author of the *Celestine Prophecies* is not the James Redfield who is my brother; indeed, we have so far been unable to find any kinship relation.

Regards to you all.

Lisa Peattie.

丽莎(Lisa Peattie)是 Robert Redfield 之女,Robert Park 的外孙女,系 MIT 退休教授。去年 9 月曾应邀来吴江参加纪念我江村调查 60 年的聚叙。该书中译本未介绍作家简历,致有此误,但也可视为一次巧合,所以上文可按原稿发表,未加修改。

人文价值再思考[1]

一、引言

我十分高兴能到香港来参与关于第五届"中国文化与现代化"的研讨会的开幕式。这是中国大陆、香港、台湾社会学和人类学同仁学术定期交流的第五次会议,上一次是1993年在我的故乡苏州举行的。当时我提出的论文,已经用"年近谢幕"这句话开头,转瞬间又是四年,我们大家都增添了四岁。我自己已经到了87岁,应当是从社会活动中退休的年龄了。但是还是舍不得这个和各位老朋友再一次交谈切磋的机会,违背了家人的劝阻,做此旅行。我这种心情,深盼朋友们能体会,如果我在发言中有什么不能达意或不妥之处,请多体谅。

在座的不少朋友都知道,我曾在一些场合中提到,这几年我想做的一件事就是"反思反思"自己60多年来的学术道路,对自己耗费过的笔墨"结结账"。几次聚会虽没有

---

[1] 本文为作者参加第五届"中国文化与现代化"研讨会开幕式的发言,后刊发于《读书》1997年第9、10期。——编者

特地安排与老朋友们讲述我的过去,却在客观上为我的自述和反思提供了机会。

这次研讨会的主题是"社会科学的应用与中国现代化"。这个主题隐含一种程序,即把我们这些从事人与社会研究的人所得出的结论运用到实际生活当中去取得具体效果的一个过程。然而,对我这样一个已经在 60 多年的时间距离之间行走过来的老人来说,它却使我想到更加复杂的问题。稍有知情的人都了解,我曾经在国际上获得过"应用人类学马林诺斯基奖"。我获得这个奖,自然是因为我在一生中写出不少文章,其中有许多早已被称为"应用研究"了,而我也曾指出自己的研究形成了为了解中国和推动中国进步为目的的中国式应用人类学。❶ 想起来大家也必定知道,对于我的研究及其"应用价值"以及关于中国现代化的看法,60 年来海外一直存在不同的评论。

去年 9 月在吴江与朋友们聚会时,一位来自英伦的友人提起我的同窗 Edmund Leach 教授在人类学的价值问题上与我形成的差异。❷ 我与 Edmund 可以说是 Malinowski 门下的同门弟子,可是 Edmund 坚持认为人类学是纯粹的智慧演习,而我则觉得人类学如果不从实际出发,没有真正参与到所研究的人民的生活中去,没有具有一定的实践雄心,就难以获得自身应有的价值。Edmund 已先我而去世,我与他无

---

❶ 参见《人的研究在中国》,《学术自述与反思》,生活·读书·新知三联书店,2020 年。
❷ 同上。

法进行面对面的论辩，只能在他"缺席"的条件下"自言自语"了。在《人的研究在中国》（1993）这一讲演稿中，我不仅对 Edmund 对中国人类学者的评论做出理论回应，而且还承认了中国知识分子的传统烙印对我的"应用研究"的影响，承认了儒家"学以致用"价值观对我的潜移默化。❶ 不过，我能相信，Edmund 在世时一定知道我们之间的差异不全是学术传统之间的民族差异，而可能也是对社会科学体系的不同理解，甚至推得更远一点，可能是对社会科学价值观当中 Max Weber 的论点的不同看法。

Weber 曾经用"valueless sociology"来形容社会科学，并用"vocation"一词来形容学者的追求与学术的定位。所谓"valueless sociology"就是要求社会科学研究者在其研究中不要带着个人和社会的价值观来观察社会事实，干预社会的客观存在，如果一定要翻译出来的话，这个词的意思就是"与价值判定无涉的社会学"。"vocation"一词，我现在还找不到一个对应的中文词汇，实际上它既指一种才能又指一种具有感召力、超离社会实际的智慧，也许相当于中文中的"天职"一词。Edmund 的看法，大致说来是社会科学老祖宗之一 Weber 的理论的人类学延伸。我们之间的差异，不是单独、偶然的现象，而是社会科学中的一个共同的问题，Edmund 怀疑我的学术实践的价值观，我则常想"valueless

---

❶ 参见《人的研究在中国》，《学术自述与反思》，生活·读书·新知三联书店，2021年。

sociology"是否有存在的可能性。

问题何在？在这里我不想再继续重复学术传统差异的溯源工作，倒是想提提学者的平常事。就我个人而言，在写文章和拿出去发表时，我并没有想到这并不是个人的行为，而是会对别人发生一定作用的，所发生的是好作用还是坏作用，过去一直不曾感觉到是我自己的问题。今年年初在北京高级研讨班上我提到，童年时我看到过我祖母把每一张有字的纸都要拾起来，聚在炉子里焚烧，并教育我们说要"敬惜字纸"。我长大了一些，还笑老祖母真是个老迷信。我长到了老祖母的年纪时才明白"敬惜字纸"的文化意义。纸上写了字，就成了一件能为众人带来祸福的东西，不应轻视。我一旦理解了祖母的行为和教训，我心头相当郑重，因为我一生对字纸太不敬惜了，想写就写，还要发表在报章杂志上，甚至还编成了书，毫不经意地在国内外社会上流行。如果我确是发表了一些有害于人的文章，不能不说是贻害了人。因此近来常想到祖母的遗教，觉得应当自己回头看看我过去的文章和著作。当然不是像托尔斯泰那样想把自己一生的著作付之一炬。已经行世的著作，火是烧不尽的。同时也明白我写下这么多字纸，并不仅仅是我个人的作品，而是反映了当时中国知识分子的心态。是非祸福自有历史去公断，不必由我去审定，要我审定我也无此能力。

我不知道 Edmund 在老年时是否也发生过同样的问题，但我相信他是能够意识到我的老祖母的"敬惜字纸"的意义，也是能够理解到不存在不产生社会影响的学术作品，影响只有好、坏、大、小程度以及社会空间范围之别,因而谈"valueless sociology"我认为是不切实际的。走过60年的学术道路,我回过头来反思一番,深感不妨多耗费些字纸进行一些自我批评。我原来只是埋头走我的路,到了近些年来才回过头来问一问、想一想有关学术价值与社会价值的关系问题。我不久以前想到了一个词汇叫作"文化自觉"。❶ 在今天这个"社会科学的应用与中国现代化"学术讨论会上,我愿意把这个类似于号召的词汇赋予一个学术的说法,我认为这四个字可以代表我对人文价值的再思考。

二、我对自己学术的反思

回顾我一生的学术生命可以从1936年的江村调查算起,到去年已有60年,用老话说就是一个花甲了。现在就让我从这本《江村经济》说起吧。我曾经一再声明,这本书可以说是一棵我无心插下的杨柳。Malinowski老师在序言对它的评语,说这本书可以说是社会人类学里的里程碑,我当时不仅没有预料到,甚至没有完全理解。也就是说我在江村调查时并不是有意识地要用此把人类学这门学科推进一步。当时我还是个初入门的年轻小伙子,既没有这眼光,也没有这雄心,甚至我在江村调查时也没有想到会写成一本书。我

---

❶ 见本书中的《反思·对话·文化自觉一文》。

是在我姐姐的好意安排下到江村去养伤的。从插在这本书里的相片上还可以看出我当时扶着手杖,病容满面,一副未老先衰的样子。我是凭着从当时留我寄宿的农民合作丝厂给我的深刻印象和启发中想为这"工业下乡"的苗子留下一点记录而开始做江村调查的。

这棵无心插下的树苗,得到了泥土和雨水的滋养居然成活并长大了。论文写成,又印成了书出版,Malinowski老师还为它写了序。序里写些什么,我只是在伦敦回国前从出版这本书的书局送来该书的校样上粗粗地看了一遍,说实话印象并不深。当时占据我心头的是国内抗日战争。我记得船过印度停泊时才知道汉口和广州已经沦陷,当时我和同伴们正忙着办越南起岸和过境的签证手续。我和《江村经济》英文本初次见面是在1948年清华胜因院的书房里,离开这本书问世已有10年之隔。

我从西贡上岸经河内回归祖国。到达云南的昆明后,接着我就遵循Malinowski老师的主意,在滇池边上继续搞农村调查。其后,抗日战争结束后,内战发生,我开始投身民主运动。在这段时间里,我在学术工作上只完成了《云南三村》的中英文稿,英文本的名称还是用了和Malinowski老师同桌吃饭时他建议的 *Earthbound China*。中文本《云南三村》直到1990年才正式出版。总之我对这本《江村经济》的认识是逐步形成的。我现在的想法,认为Malinowski老师写这篇序的目的,似乎并不完全在评论我这本书,而是想借这篇序吐露他自己心头蓄积着的旧感新愁。

当时，Malinowski 正面对第二次世界大战的严峻形势，心头十分沉重，所以说"我们的现代文明，目前可能正面临着最终的毁灭"。他介绍我时强调我是个"年轻爱国者"，他对我能有机会成为一个"研究自己民族"的人类学者，用自己的研究成果真正"为人类服务"，竟流露出"时感令人嫉妒"，甚至他表白对"自己的工作感到不耐烦"，他用了"好古、猎奇和不切实际"来贬责当时的许多人类学者。他还自责"人类学至少对我来说是对我们过分标准化的文化的一种罗曼蒂克式的逃避"。这些话我现在看来正是一个寄寓和依托在拥有广大殖民地的帝国权力下失去了祖国的学者的气愤之词。但是为了表达他的信心，他紧接着又说："我认为那面向人类社会、人类行为和人类本性的真正有效的科学分析的人类学，它的进程是不可阻挡的。为达到这个目的，研究人的科学必须首先离开对所谓未开化状态的研究，而应该进入对世界上为数众多的，在经济和政治上占重要地位的民族较先进文化的研究。"❶

我重复这些话是要指出 Malinowski 老师在把现代人类学者从书斋里拉进充满着新鲜空气的"田野"之后，接着他很明白地表示要把人类学的研究从野蛮人的田野拉进文明人的社区里去。在人类学的发展过程中第一步从书斋到田野的转变上他是立了功的，但从野蛮到文明的第二步，他在一生

---

❶ Malinowski: "Preface", to *Peasant Life in China*, by Fei Hsiao-Tung, London, Routledge and Kegan Paul, 1939.

中并没有实现。他希望他的下一代去完成他的任务。"文野之别"这条鸿沟从目前看来一时还难以跨越。这是我体会到Malinowski老师内心的新愁。

我自问自己怎么会似乎毫不经心地跨过了这个"文野之别"的呢？Malinowski老师的这篇序又替我回答了这个问题，他在序末的一段话里说："作者的一切观察所具有的特征是，态度尊严、超脱、没有偏见。当今一个中国人对西方文明和西方国家的政治有反感，是可以理解的。但本书中没有显示出这种迹象。事实上通过我个人同作者和他的中国同事们的交往，我不得不羡慕他们不持民族偏见和民族仇恨——我们欧洲人能够从这样一种道德态度上学到大量的东西。"他替我所做的答复是归根于中国和欧洲在文化上的差别，即他所说的道德态度上的基本差别。Malinowski老师认为中国人并不像欧洲人那样心存民族偏见和仇恨。这个概括是否正确还有待实证。我常自己审察自己总觉得我们传统文化中对异民族的偏见不能说没有，但是和欧美相比是有差别的。我在研讨班的讲稿里已提到过欧美人类学里反映出来的"文野之别"历来被认为是人的本质之别，甚至在30年代还有人怀疑土著民族的头脑是否具备欧美白种人所认为人之所以为人的理性。西方人类学的学者中否认"野蛮人"有逻辑思想的为数不少。这个问题到了Malinowski的时代还要由他挺身而出极力争辩，巫术并不是出于缺乏实证的逻辑思想。

在我们的传统文化里也有夷夏之别，但孔子一向主张"有教无类"。教就是可以学习得到的文化，类是本质上的区别。孔子看到他不能在中原行其道，曾想乘桴浮于海，甚至表示愿意移居九夷之中，这就表明他认为夷夏只是文化上有些差别，有教则夷即入华，人的本质是一致的，并没有不能改变的本质上的区别。

通过我的行为和思想，在 Malinowski 老师眼中看出了我们中国人和欧美人在道德素质上的不同，也许就是这种不同，使我在进入人类学的领域时，很自然地闯过了"文野"这一关。所以也可以说我是靠我的文化素质过了关的。

同时，我在这里还必须指出，作为一个中国学者，我之所以能够超越文化的偏见，大概与我的国家所处的世界文化格局有密切的关系。近代以来，西方文化一直处于上升的阶段，通过它的力量延伸，数百年来为自身造成了世界经济文化的"霸主"地位。在这样一个居高临下的地位上看自己、看别人，不见得能够采用"虚心求教"的态度。这一点直到 Malinowski 老师逝世 30 年以后，才逐步为西方学者意识到。

1978 年出版的一本叫《东方学》的书的作者 Said 教授说了如下一段值得警醒的话："现代东方学者对自己的定义是，他们是与别人有所不同，是把东方从迷惑、异化和怪诞中挽救出来的英雄。他们的研究重构了东方已消失的语言、习俗甚至精神。他们的角色，类似于占坡里安，是他把古埃及的象形文字从罗萨塔石堆里发掘出来的。在东方学者看来，东方学的技巧如词典学、语法学、翻译学、文化阐述学等，服务于古代的、古典东方的文化价值的复原和弘扬，同时对哲学、历史、修辞学、学术流派具有贡献。但是在历史的过程中，东方和东方学者的学科必然发生变化。'东方'的意义已从'古典'的东方变成'现代化'的东方，而东方学也从传统学科变成了当代文化的一部分。不过，东方和东方学不管如何变化，都难以避免带有权力的痕迹，这种权力就是改造或再造东方的力量，也是把东方学塑造成哲学和人类学研究的方法。总之，把东方转变为现代世界的一分子之后，东方学者便可以对自己的成就和地位加以庆贺，为自己作为世俗化的创造者感到骄傲，他们的骄傲来自他们把自己当作新世界的创造者，这样的骄傲与神创造旧世界时的感觉是一样的。"❶

Said 也指出，19 世纪以来，东方学经历了两次大步伐的"进步"。第一次是 19 世纪中期至第一次世界大战结束。此时期，英国和法国在世界上获得大片的殖民地，对殖民地的研究成为殖民地行政的必需品。同时，大片殖民地的获得也为东方学研究提供了调查和搜集材料的机会，因此东方学在巴黎、牛津等大学出现了一个"黄金时代"，许多资料直接来自住在殖民地的语言学家、历史学家、人类学家、考古学家。东方学的第二次大步伐"进步"发生在第二次世界大战及其后。此时期，世界格局再次发生很大的变化，二战之后许多东方社会的殖民地地位获得了解放，西方的霸主地位从英、法手中转移到新兴的美国手中。旧的霸主（英国和法

---

❶ 转引自王铭铭：《文化想象的力量：读萨伊德著〈东方学〉》，《中国书评》（香港），第 6 卷。

人文价值再思考

国）自然还是力图保持它们的传统地位，东方学研究在它们手中仍然被"保护"为"国宝"。不过，新兴的霸主美国支持更大量的战略性区域研究，使东方学研究扩大到整个太平洋圈和亚洲的所有地区。这些区域研究大多以"跨文化理解"为口号，但是对维护美国在世界格局里的霸主地位有不可忽略的"贡献"。在这两个时期，东方学不可避免地出现了不少变化，但是它的叙述、言论、研究制度的深层结构并没有脱离传统。

《东方学》一书指出的东西不仅对西方的东方学有效，而且对西方现代社会科学也同样有效。在西方现代社会科学中，广泛存在一个具有两面性的"二元一体"概念。这个二元一体的概念里有一条分割世界的界线，它把世界划分为两个部分：西方和东方。而且认为，西方是强大的本土，而亚洲是被打败和遥远的"异邦"。又认为，亚洲代表一种潜在的危险，它的神秘文化在西方科学的体系里面无法解释和操作，而且可能在未来对西方造成挑战。在东方学的作品中，这种二元论一直被描绘为互补的对立。

Said 教授为我们指出，东方学与 16 世纪以来逐步成长起来的西方资本主义世界体系有密切的关系。实际上，资本主义世界体系所创造的东、西关系在社会学和经济学中被当成是"传统"与"现代化"的关系，在社会学和经济学的研究中东方常被当成是传统的、古老的，西方才是现代的、新兴的。这使 19 世纪东方作为"白种人的负担"的理论进一步"合理化"。"白种人的负担"的理论把东方传统看成西方人的负担或西方应该对之实施教育的异教徒。产生于西方的一系列"现代化"理论与这种东方观有着直接的渊源关系。

我自己的一生处在文化接触过程中被欺凌的文化一方，因而较为能够避开占支配地位文化对别人文化的偏见，我在许多著作中确实能够广泛参考、评论西方观点，甚至能够在中国文化内部格局中强调弱小的"草根文化"或"小传统"的动力，在文化价值观上与把世界格局中弱小民族的文化当成与"先进文化"格格不入的观点形成很大差别，这也就是我能够做到不排斥外来文化、拒绝复制"文野之别"的根本原因。

务必指出的是，提出文化的兼容并蓄观点，并非是为了一味好古、守旧，也并非为了实现 Wallace 教授讲到的"revitalization"❶ 在受到外来支配文化冲击的状况下，站在被欺凌的弱小文化的立场上看，一时的复旧意识是值得同情的态度。但是，当这种态度发展到排斥外来文化的地步，成为与西方中心主义相对的另一种民族中心主义，那就可能忽略世界文化关系中"适者生存"的无情现实。我近来正在思考一个令我烦恼的问题。在北京召开的高级研讨班上，针对民族生存的危机，有人提出了"保留文化"与"保留人"的矛盾问题。这个问题在国内人口极少的民族当中特别突出，但在我看来它并非只是这些少数民族特有的问题，而是个现代

---

❶ Anthony Wallace：" Revitalization movements"，*American Anthropologist*，1956 年，第 58 期。

人或后工业化人类的共同问题，是一个值得我们研究文化的人重视和深思的难题。"保留文化"与"保留人"本来不该是一个严重的问题，因为人的生活与文化是分不开的，我的老师就认为文化就是满足人生活需要的器具。但是，到了西方中心的世界体系形成之后，非西方文化的确产生了很大危机，这些文化类型在外来强有力的文化冲击下，是否还能满足人们的需要？在社会科学里面，"现代化"这个概念的提出，大概就是为了解答这个本来与文化价值相关的问题。

西方首先发展出来的现代化理论说法多端，很难加以概括，而它们所采取的路线却是一致的。法国社会学先驱 Emile Durkheim 认为，世界上存在两种类型的社会。其中，一类是"传统社会"，另一类是"现代社会"。前者的特征，以社会内部群体组织的稳固性为特征；后者以多元的社会分工为特征。"现代化"指前者向后者的转型。德国的 Max Weber 认为，"现代化"意味着工业化、科层化，工业化和科层化又意味着理性化，即资本利用的有效化过程、减低投入增加产出的过程、击败竞争对手的过程及满足消费者需求的过程。对此类过程，韦伯统称为"the capitalist spirit"。[1] 虽然 Durkheim 与 Weber 在许多方面截然不同，但是二者所强调的实质是一样的。"现代化"就是"西方化"，或"东方"将向"西方"社会形态转型。从 Said 的角度看，诸如此类的"现代化"构想都是以单线性的阶段式的演化论为基础的，

---

[1] Max Weber: *Protestant Ethics and the Capitalist Spirit*, New York, 1958.

而把所谓"现代社会"（实质上即"西方社会"）视为"传统社会"（实质上即"东方社会"）的未来图景的看法，这些看法都是旧时代的遗留，说明过去东方学偏见在西方学术界所起的作用。不过，一旦东方社会拒绝接受现代化过程中的文化转型，它们又如何可以使自己的人民生存在这个"物竞天择"的世界？

这不是一个新问题，在我的一生中，我们国内从"器用之争"到"中西文化论辩"，甚至到目前海内外儒家文化、小传统与现代化关系的争论，文化传统与现代化的问题一直没有间断地影响着学术思考。许多人想把自己的社会建设成为与原来不同，同时能与西方社会相匹配的社会。在这个前提下，东方社会出现了对现代化和现代特性的追求。充满"东方学"偏见的西方现代化理论，常成为非西方政治的指导思想，使作为东方"异文化"的西方，成为想象中东方文化发展的前景，因而跌入了以欧美为中心的文化霸权主义的陷阱。然而，怎样"医治"这一文化心理危机，怎样避免上述的陷阱，在学术表述上应当采用什么理论？

三、跨文化的"席明纳"

我在这里的叙述，目的不在为上述一系列"考题"提供应试的答卷，我相信问题的提出与思考、理论的反思，本身就具有自身的价值，而我今天的讲述及近来的几篇讲稿，都可以归入我所说的反思性质的文章中去，也就是回过头来，多读几遍自己过去发表的文章，把自己新的体会写下来。这类文章我是从1993年在苏州召开的两岸三地社会人类学座谈会上开始的，当时我在会上宣读了《个人·群体·社会》一文，是我重读《生育制度》一书时的新体会。这几年又写了好几篇这类文章，已收集在《学术自述与反思》（1996）这本新近出版的文集里。

学术反思并不是我发明的，拿我个人来说就是从Malinowski老师那里学来的，是从他在伦敦经济政治学院讲课时所采用的"席明纳"方式中推衍出来的。"席明纳"是seminar的音译，其实就是学者之间的对话。最近我们在北大又开办社会文化人类学高级研讨班，着重导师和学员之间的对话，使学术讨论超越了单向信息传播的模式。我正在试写的学术反思文章其实就是自我讨论或称自我对话，针对我自己过去的学术成果，通过自己的重新思考，实行自我反思。对话增多了，大家放言无忌，可以开创一种学术新风。

学术对话如此，文化之间的对话亦当如此。我在这里讲述我的思考时，世界离21世纪不到三年了，在跨入21世纪之前，一些西方学者已经开始自觉到应当清楚一下自己的过去，认清自己的真实面貌，明确生活的目的和意义，这也正是我这一段时间里所想到的"文化自觉"的含义。西方人文社会科学界的这种表现，正表示他们已经感觉到当前文化的危机，引起了许多学者的苦恼，并且有人已开始为其寻找新的出路。一些人类学家认为，由于对"异文化"（实质上即非西方或东方文化）的研究不可能达到完全客观，因此人类学者就应该主动地把它当成"自我文化评论"的工具，利用对非西方社会的了解，来揭示西方文明的弱点。❶ 在关于现代化理论的讨论中，自六七十年代开始世界系统论者采取了进一步的看法，他们指出，"东方"社会的低度发展，并不是因为这些社会没有足够的"工业化"和"西方化"，而是因为近代以来西方的殖民扩张造成了"东方世界的依赖性和从属性"。这种看法是对西方中心主义的反映，无论怎样都表明对当前世界文化走向的思考。

看来文化自觉是当今世界共同的时代要求，并不是哪一个人的主观空想。有志于研究人类学的学者，对当前人类的困惑自然也会特别敏感，对当前新形势提出的急迫问题自然会特别关注。所以我到了耄耋之年，还要呼吁文化自觉，希望大家能致力于我们中国社会和文化的反思，用实证主义的态度、实事求是的精神来认识我们有悠久历史的文化。

文化自觉只是指生活在一定文化中的人对其文化有"自知之明"，明白它的来历、形成过程、所具的特色和它发展的趋向，不带任何"文化回归"的意思，不是要"复旧"，同时也不主张"全盘西化"或"全盘他化"。自知之明是为了加强对文化转型的自主能力，取得决定适应新环境、新时代时文化选择的自主地位。文化自觉是一个艰巨的过程，首

---

❶ George Marcus and Michael Fischer: *Anthropology as Cultural Critique*, Chicago, 1986.

先要认识自己的文化，理解所接触到的多种文化，才有条件在这个正经在形成中的多元文化的世界里确立自己的位置，经过自主的适应，和其他文化一起，取长补短，共同建立一个有共同认可的基本秩序和一套与各种文化能和平共处、各抒所长，联手发展的共处守则。

7年前在我80岁生日那天在东京和老朋友欢叙会上，曾瞻望人类学的前途，说了下面一句话："各美其美，美人之美，美美与共，天下大同。"❶这句话我想也就是今天我提出的文化自觉历程的概括。"各美其美"就是不同文化中的不同人群对自己传统的欣赏。这是处于分散、孤立状态中的人群所必然具有的心理状态。"美人之美"就是要求我们了解别人文化的优势和美感。这是不同人群接触中要求合和共存时必须具备的对不同文化的相互态度。"美美与共"就是在"天下大同"的世界里，不同人群在人文价值上取得共识以促使不同的人文类型和平共处。总而言之这一文化价值的动态观念就是力图创造出一个跨越文化界限的"席明纳"，让不同文化在对话、沟通中取长补短。

人类的历史是分散、孤立的人群逐步由分而合的过程。我曾经用"战国时期"来形容20世纪。❷20世纪里发生过两次世界大战，世界列强争雄了100年。第二次大战后殖民地民族纷纷独立，在世界舞台上出现了政治和经济上的多元

---

❶ 见《人的研究在中国》，《学术自述与反思》，生活·读书·新知三联书店，2021年。

❷ 见《社会学在成长》，天津人民出版社，1990年。

局面。但由于交通和信息的发达，已出现向一体发展的势头。当前这个世界性的"战国时代"与古代中国的"战国"有类似之处，是一个由分到合的过程，所以两次"世界大战"的发生，可以说已经预示了"世界一体"（one world）格局的生成。❶当前国家与国家、民族与民族、种族与种族、宗教与宗教等等之间的相互接触越来越频繁，使原来分立的人文世界逐步向一个"地球村"转变。社会学者把这个世界一体化的现象称为"globalization"（全球化），我也认为全球一体化是历史的前景。

与此同时，尽管在全球的交往过程中，人类满怀着一个良好的愿望，希冀我们之间逐步能够通过沟通、宽容、互补，获得对利益和价值的共识，但以权力格局为背景的社会文化界限却尚未消除，民族－国家的现实使我所说的统一的"文化场"目前还是一种理想。

全球一体化固然可以认为是历史的前景，但是如果不解决如何一体化的过程，在这过程中不解决一系列的矛盾，这一体化的结果是不容易出现的。现在看来在多种文化接触中，最难以多元取得一体的是文化的价值观念。正是因为这个原因我才特别提出"美美与共"的问题，这是一个人文价值怎样取得共识的问题。所以我想在这次研讨会上着重提出人文价值的再思考的题目。

其实，社会人类学既以研究人文世界为对象，人文价

---

❶ 见《人的研究在中国》。

值自应是它研究的主要对象。上面提到的关于"现代化"的观点，其实就是在多元的人文价值的状态下怎样进入全球一体化的问题上提出的各种观点。这些观点中，如我在上文的分析，有些是想采用由一种优势文化来取代各种不同于这种文化价值观的文化，取代方法可以是强制的或是自愿的。隐藏在"现代化"背后的西方中心主义就是要以欧美的价值观念来取代其他文化的不同观点。这种看法我认为是不符合我上面所说的达到"美美与共"的路子。为了探索这一条全球一体化的路子，我们以研究人类学为天职的人，应当认真地展开讨论并通过对话来取得共识。如果能对人文价值实事求是进行再思考，不仅可以推动社会人类学前进一步，而且还可以为人类的发展前途做出贡献。

从英国功能主义的社会人类学和美国历史主义的文化人类学的理论来说，我体会到它们都承认各民族文化是各具合理性的，所以首先要承认各人群的"各美其美"，然后要使具有不同价值观点的人群去互相理解别人的价值观点，首先要以容忍的态度来尊重别人与自己不同的观点。在共同合作和思想交流中逐步地认同于相同的价值观点。这个过程中，必然要有一个时期使不同的价值观点在相互的容忍中共同存在，不相排斥。我相信在有利于各方的和平共处和共同合作中，不同的观点是可以相互接近和融合的。

我进入人类学领地，正是因为受到这种跨文化的人文价值观的激励。正如 Edmund Leach 教授指出的，我的人类学的确是从理解中国本土文化开始的。但是，我关注本土文化并非为了把自己的视野局限在本土文化的界限之内，而是为了在了解自己的前提下，寻求不同人文类型和平共处的途径，因而我的不同时期的作品，既体现出一种对本土观念和不同文化价值观念的尊重，又力图展示文化之间互译和沟通的可能性。强调世界全球化过程中不同民族文化在同一时间里并存的格局对实现"天下大同"也许是必要的。

现在想起来，这确是一种异文化与本文化兼容并包的探索。Edmund 认为，社会人类学应该研究"异文化"，因为只有在别的社会中人类学者的观察才能充分地客观化，避免由于社会制约造成的偏见。[1] 针对中国本土人类学者，Edmund 认为，除了功能论色彩有可取之处外，其他均未能超脱本土人类学者本身从小习得的司空见惯的文化，因而无法提出有说服力的人类学解释。对此，我愿意加以两点反驳：第一，无论人类学者如何能够旁观他人的社会，最终他们还首先是自己社会的一员，受他们从小习得的本文化观念的影响，在他们的写作活动中，他们更需要在家乡文化的体验下叙述他们对异文化的认识，因此他们的"旁观"与本土人类学一样不可能达到完全客观；第二，本土人类学者的工作实际上不只是在一个单一的参考系下面展开的，在像我所做的那一类研究中，有两种"异文化"作为我的参考体系，这两种"异文化"便是在国内外其他民族中我自己亲身的阅历以及从社会人类学和其他社会科学的学习中获得的关于世

---

[1] Edmund Leach：*Social Anthropology*，London，1983，第122—148页。

界各国和各民族的知识。

Edmund 的看法现在看来在西方也只是一种保守的观点。实际上，70年代以来，西方也出现了大量本土人类学作品，它们指出了西方的"非西方研究"所存在的问题。由于人类学者过于信仰西方人的分析能力，因此他们在探讨"非西方"文化时就可能把产生于本文化的观念强加在异文化之上。这个问题的根源，不仅在于人类学者对本土社会及其人类学意义不够关注，而且也在于人类学者与"他人社会"的文化距离。具体地说，人类学者本身所处的社会场域以及他们与研究对象之间的距离，可能导致他们对其他文化的误解。通过本土社会与文化的关照以及通过缩短文化距离，本土人类学有着消除文化误解的潜能，因为本土人类学者生活在本土社会之中，他们对当地的社会与文化有着切身的感受。

在人类学中，与"异文化"相提并论的常是"参与观察"一语。传统人类学主张，人类学者不仅要研究异文化，以便避开自己社会的偏见，而且还要参与到别的社会中去深入理解他人的生活。用我自己的话来讲，异文化容易使人类学者能"出得来"，而参与观察则是要求人类学者能"进得去"。主张以异文化研究为己任的人类学者认为，人类学者在本文化中容易犯"出不来"的毛病，因而认为本土人类学者往往无法从自己所处的社会地位和文化偏见中超脱出来做出"客观的观察和判断"。不过，"异文化"的研究往往也存在"进不去"的缺点，也就是说，研究他人社会的人类学者通常可能因为本身的文化偏见而无法真正进行参与观察。对于从事中国社会研究的外国人类学者来说,这一点是十分明显的。Freedman、Skinner 等西方优秀的汉学人类学者可以说是一群被西方承认的"中国通"的人,但是他们从研究中得出的结论在西方也常被认为代表"外国人对中国的看法"。对于致力于中国本土人类学研究的学者来说,问题可能是与此相反。中国本土人类学者面临的是"出得来"的问题,也就是说,作为研究本土社会的人类学者,重要的是要从我们所处的社会地位和司空见惯的观念中超脱出来,以便对本土社会加以客观的理解。本土人类学的要务在于使自身与社会形成一定的距离,而形成这种距离的可行途径是对一般人类学理论方法和海外汉学人类学研究的深入了解。通过这种了解,我们可以在一定程度上把自己的社会和文化"陌生化"（defamiliarization）。

不过,我对参与观察的反思不只是考虑如何"出得来"的问题。Edmund 等西方人类学者认为,参与到异文化中去的目的在于让人类学者获得一种个人的涵养,使之有能力从自己的社会中分化出来,客观地认识人的生活。我的人类学研究,则强调田野工作和理论对社会产生应用的作用,同时强调使之回到本土社会去推进文化发展的必要性。

我反复强调"参与",目的不在于要"推广"一种自我文化封闭的研究类型。当前西方和中国的人类学思考不少是在批评西方殖民主义和文化霸权的前提下展开的。对于第三世界的人类学者来说,批判西方文化的支配作用固然重要,但是,从一种文化偏见落入另一种偏见的可能性也是存在的。学者应当如何克服自己社会身份和权力格局导致的偏见？为了解决这个问题，对不同文化加以交叉比较和反思，对学术价值观加以定位将是十分重要的。我们在超越西方文化支配性制约的同时，也要超越自身社会对我们的局限。我曾强调把研究者和被研究者联系起来，人类学者不仅要了解"别人"还要了解"自己"。这也就是为什么我这个长期位居中国"大传统"的人，会如此执著地在"小传统"民间社会中追求理解的缘故。

人总是生活在希望里，对未来的瞩望和期待决定他当前的行为与忧乐。今天会议的主题是"社会科学的应用与中国现代化"，它无非要求与会者把自己置身于"现代化"过程当中去思考我们的理论，看看我们自己的希望何在。现代化理论的创始人之一 Max Weber 把文化的转型当成是现代化的前提，他所讲的符合现代化的思想意识是欧洲的"新教伦理"。我不能不承认 Weber 是一位学识渊博的学者，他不缺乏文化比较的功夫，事实上他的现代化理论恰好就是在宗教文化的比较观察中提出来的，他的研究方法与我今天在这里讲的"跨文化"研究没有多大差异。令我惊讶的是，这位值得尊敬的德国学者在隐喻的层面上否定了其他人文类型在现代世界的生存权利，没能在跨文化的关怀中获得人文价值的自我反思和宽容，所以难免会在步入老年时逐渐变成一个厌世的悲观论者。

如果大家能同意现代化是当代世界中人际关系的新发展，那么也当可以认为现代化应当是一个"文化自觉"的过程，即人类(包括学术人)从相互交往中获得对自己和"异己"的认识，创造文化上兼容并蓄、和平共处局面的过程。从这个角度来理解现代化，为的是在跨入21世纪之前，对20世纪世界"战国争雄"局面应有一个透彻的反思；为的是避免在未来的日子里"现代化"的口号继续成为人与人、文化与文化、族与族、国家与国家之间利益争夺的借口；为的是让我们自身拥有一个理智的情怀，来拥抱人类创造的各种人文类型的价值，克服文化隔阂给人类生存带来的威胁。对于不同的人来说，社会科学可以有不同的"应用价值"，在跨入下个世纪之前，我看到的是另一种价值的需要，那就是在社会科学中出现一次人文价值的重新思考，这种思考如果可以被称为"文化自觉"的话，那它的"用处"就远胜于以往我们从事的明显可见的"应用社会科学"了。我也寄希望大家在听完我这篇发言之后能够看到人文价值再思考的重要，看到这是人类美好前景所依托的基础。

1997年3月20日于北京北太平庄

创建一个和而不同的全球社会[1]

我很高兴能在有生之年,来参加这个会议,原因是我和国际人类学与民族学联合会很早就有关系。过去因为各种原因没有能出席会议,很高兴这次会议能到我们中国来召开,也就给我这个老人一个很好的机会,能够亲自参加了。在这里,我祝贺这个会议能够开得很成功。

我是20世纪早年出生的人,现在已经年过九十,我大部分的人生历程是在20世纪度过的,我很高兴,有幸能够坚持到上个世纪的终结,看到新世纪的降临。

回想起来,我是在1933年从燕京大学毕业后,接受我的老师吴文藻先生的建议,进入清华跟从史禄国(S. M. Shirokogoroff)教授学习人类学的。当时吴文藻先生就认为,要做中国本土的社会文化研究,必须得有人类学的基础,要用人类学的方法来研究中国社会并改造中国的社会学。他提出,要创立一条社会学中国化的道路。在清华大学研究院,我很有幸地得到了史禄国教授的培养。他是俄罗斯上一代传

---

[1] 本文是作者在"国际人类学与民族学联合会(IUAES)中期会议"(2000)上的主旨发言。——编者

统学术训练出来的世界级的人类学家，以研究通古斯民族闻名于世。史禄国教授继承了欧洲人类学的悠久传统，他的研究范围非常广，包括体质、语言、考古以及当代各民族文化的比较研究。他给我的培养和训练没有按计划完成。我只是在他的亲自指导下，学完了人类学的第一个阶段，即体质人类学的基础知识（他给我规定了三个学习阶段：第一阶段学习体质人类学，第二阶段学习语言学，第三阶段学习社会人类学）。当然，这期间除了体质人类学之外，我还学到了他严谨的科学治学态度，以及对各民族在社会结构上各具特点、自成系统的认识方法。后来我才意识到，从史禄国那里学到的着重人的生物基础和社会结构的整体论和系统论，原来就是马林诺斯基功能论的组成部分。从清华学习人类学出来后，我在大瑶山和江村做过田野调查，然后就转到了伦敦经济与政治学院，师从马林诺斯基和雷蒙德·弗思学习社会人类学。这段历史我相信在座的各位人类学家都比较清楚。如果从跟史禄国正式学习人类学算起，我和人类学打交道已经有将近 70 年的历史了。在这 70 年里，我贯彻了吴文藻先生的主张，把人类学的学习和研究包括在社会学的范围之内，把社会学和人类学密切地联系和结合起来，我的学术道路一直贯穿着这个原则。当然，由于种种原因，我的学术研究曾经有过间断。但总的来说，我一直没有离开这条学术道路。这条道路就是用人类学的基本概念和基本理论来研究当代中国社会的变化，这是我始终如一的学术追求。同时，我总认为人们的思想必然受到当时社会文化的影响，所以我这一生的思想也必然反映了这一时代特点，打上了时代的烙印。这也是我们常说的个人的经历总离不开世界的变化。

我出生在中国东南沿海地区一个小城镇，一个有着浓郁传统的知识分子家庭。我最初受到的教育和我的家庭有着很大的关系。我的父亲是旧社会的一名秀才，科举制度被废除后，他被选派到日本学习教育专业。回国后，他是中国第一批主张摆脱旧教育制度、创立新教育制度的知识分子之一，这个新制度就是从日本借鉴的、西方传来的教育模式，当时称作"新学"。我是从我母亲最早开办的幼儿园里出来的，当时叫作"蒙养院"，它是中国最早具有现代教育意义的幼儿教育的模式，这是我一生的出发点。从这里开始，我按照当时的教育制度从小学、中学到大学一直到同西方接触，到了英国，于1938年在伦敦大学获得博士学位告一段落，这是我一生中受教育的时期。接下来是中国的动乱时期，也就是抗战和国内战争时期，这是我一生中的第二个时期。当时，日本人打到我的家乡，我只能到大后方昆明来从事教书生涯，这个阶段一直到1949年中华人民共和国成立，中国革命成功才结束。此外，我真正的第二次学术生命是从1980年开始的，到现在正好20年。这20年我的收获比较大一些，也可以说是成熟时期。从现在开始我进入了这段时期的后期了。

我这一生经历了20世纪中国社会发生深刻变化的各个时期，可以概括为两个大变化和三个阶段。我把它称作"三级跳"。第一个变化是中国从一个传统性质的乡土社会开始变成为一个引进西方机器生产的工业化时期。一般人所说的现代化就是指这个时期。这是我一生中最重要的一个时期，也是我从事学术工作最主要的时期，即中国的现代化过程。在这一时期我的工作是了解中国如何进入工业革命。从这一时期开始一直到现在也可以说一直到快接近我一生的最后时期，在离开这世界之前我有幸碰到了又一个时代的新变化，即信息时代的出现。这是第二个变化，即中国从工业化或现代化走向信息化的时期。就我个人而言，具体地说，我是生在传统的经济社会里，一直是生活在走向现代化的过程中，当引进机器的工业化道路还没有完全完成时，却又进入了一个新的阶段即信息时代，以电子作为媒介来沟通信息的世界的开始。这是全世界都在开始的一大变化，现在我们还看不清楚这些变化的进程。由于技术、信息等变化太快，中国也碰到了一些问题，第一跳有的地方还没有完成，而第二跳还在进行中时，现在又在开始第三跳了。中国社会的这种深刻变化，我很高兴我在这一生里都碰到了，但因为变化之大我要做的认识这世界的事业也不一定能做好。因为时间变化得很快，我的力量也有限，我只能开个头，让后来的人接下去做。这是我的一个背景。要理解我作为学者的一生，不能离开这个三级跳。

我所有的学术研究，都是和中国社会变化的大背景联系在一起的。从 1935 年开始，我因受吴文藻和史禄国两位老师的影响开始了实地调查的研究方法。我最初研究的是作为中国少数民族的瑶族。从这时起我就已经把社会学和人类学结合起来了。在过去的学术界，往往把少数民族的研究看作为人类学的专利，少数民族研究在中国后来发展成民族学的一部分。当然这种学术分类与名称曾引起了各种讨论。对我来说，从人类学开始的用实地研究方法来研究我们中国的社会与文化，是一条非常重要的学术道路。从这一点来说自我从瑶山调查开始一直到现在进入对大都市社区建设与发展的研究，都是一贯的。今天讲这一点，是想说明我一生的学术生涯和这次会议的主题"都市民族文化：维护与相互影响"相联系也相符合。因为我是从中国少数民族实际生活研究起到上海和北京等大城市进行社区研究，这个过程本身说明了这个变化。这个实际的、客观的变化同一个社会的发展的趋势是紧密地联系在一起的。

中国社会的第一跳是以我们中国各地不同民族的农村生活为基础的。我是生长在江苏一个以农业为基础的小城镇里。它最早的历史可以追溯到7000年前的良渚文化，这个文化开始有了农业和家庭手工业。在考古学上我们可以很清楚地看到这个时期村落的生活。这就是我们第一跳的基础，也是我们乡土社会基本的性质。那个时候从全国讲，文化形式上也有很大的不同，已经是一个多元文化的基础。多元文化逐步交流融合，成为多元一体。这里也就开始了我研究的第一个阶段，我写的《花蓝瑶的社会组织》这本书可以作为代表。从中看出它和以我们家乡为代表的汉族社会文化的区别，以及它是如何受到汉族的影响的情形。

我第二阶段的研究，是从中国7000年前的良渚文化到近代以来开始快要进入工业化时期的一个中国农村的变化，可以我的《江村经济》为代表。代表一个传统的文化基础、社会组织，面临着一个全新的科学技术和机器生产的早期的冲击，这也是我对《江村经济》的定位。这是我们现代化开始的原初的形态，这是第一步。接下去代表这个时期我的重要著作是《云南三村》。这里反映了内地农村不同于沿海农村的特点。这便是我们的现代化最早的过程，从地域上讲是由东向西、从沿海到内地的。我的《江村经济》讲的是沿海地区的农村，开始了工业化。而《云南三村》却描绘了比较原始形态的乡土社会。1938年底，我从伦敦回国，当时，日本人打到我的家乡，我们只能到大后方昆明来从事我的教书生涯。我在离昆明100多公里的地方，进行了与江村所处条件不同的农村类型——禄村的调查。禄村受现代工商业影响较小，没有手工业，几乎完全靠土地维持生计。通过对禄村的调查，我看到了与江村不同的土地制度。这是我第一个时期第二阶段的工作，这阶段到1949年才结束。

1949年之后，我就开始参加民族工作。这也是我进入新中国后第一期的工作。新中国的建立引起了中国社会结构的重大变化，其中最大的变化之一就是民族关系和民族政策的变化。为了实现民族平等，在政治体制上我们成立了一个有各族代表共同参加的最高权力机关，即人民代表大会。但是在开国初期，我们还不清楚中国究竟有多少民族，它们叫什么名称、各有多少人口。为了摸清有关各民族的基本情况，建立不久的中央人民政府于1950年到1952年间，派出了若干个"中央访问团"，分别到各大行政区去遍访各地的少数民族，摸清他们的民族名称、语言、历史以及社会文化上的特点。由于我学过人类学，所以政府派我参加西南和中南两个访问团。我代表中央人民政府访问了这些地区的少数民族。我花了足足两年时间在贵州、广西分布在各处的少数民族村寨中进行实地访问考察，在和众多的少数民族的直接接触中，我深深地体会到民族是一个客观而普遍存在的"人们共同体"，是代代相传、具有亲切认同感的群体。

在对少数民族的状况了解的基础上，我直接参与了新中国民族政策的制定与实施。这一段从学术上讲是我第一期学术工作的延伸，是《江村经济》和《云南三村》的延伸。我具体的研究对象也从汉族为主的农村转移到少数民族地区——一个更复杂更多样化的领域。这便是从1950年到1957年我主要从事的少数民族的调查研究工作。

1957年之后，由于众所知道的政治上的原因，我的学术工作停止了。一直停止了23年。70年代末80年代初，我才恢复工作。从那时起到现在，是我的第二次学术生命。这段时期是中国社会变化最大的时期。恢复研究后，我做的工作之一，就是总结了我几十年来的民族工作，1988年在香港中文大学的特纳（Tanner）演讲中，发表了《中华民族的多元一体格局》。我从中华民族整体出发来研究民族的形成和发展的历史及其规律，提出了"多元一体"这一重要概念。

我在这篇讲演中指出:"中华民族"这个词是指在中国疆域里具有民族认同的 11 亿人民,"它所包括的 50 多个民族单位是多元,中华民族是一体,它们虽则都称'民族',但层次不同"。中华民族的主流是许许多多分散独立的民族单位,经过接触、混杂、联接和融合,同时也有分裂和消亡,形成一个你来我去,我来你去,我中有你,你中有我,而又各具个性的多元统一体。

事实上多元一体理论并非单纯是关于中华民族形成和发展的理论,也是我对中国社会研究的一个总结。56 个民族及其所属的集团是社会构成的基本单位,因而从另一个方面勾画出多元社会的结合和国家整合的关系,是多元和一体的关系。

在现代社会,人类学越来越关注人类社会和人类生活所遇到的或所面临的最现实的问题。因此,人类学的功能不仅在于"回顾与展望"或者"解释",还在于"参与和创新"。记得 1981 年我在英国接受赫胥黎奖时的演讲中,就曾经强调"人类学必须为群众利益服务"。这种"学以致用"的思想一直贯穿在我的学术研究中。我认为知识分子的本钱就是有知识,有了知识就要用出来,知识是由社会造出来的,不是由自己想出来的。从社会中得到的知识应当回报于社会,帮助社会进步,这就是"学以致用"。"学以致用"本身就是中国的传统,意思就是说,得之于社会要回报于社会。我是跟着中国这一传统进行我的工作的,这也是我的志向。这志向并不是我自己想出来的,而是跟着中国的传统学来的。但是我是通过吸收新的知识来把传统精神贯彻出来，我希望这样做，做得如何我自己不敢说。正是抱着这一理想，我的学术研究，从一而终地和全体人民的生活紧密地联系在一起。综合起来说，在中国范围内用人类学的实地调查方法可以解决过去没有解决的很多问题，包括农村发展、中国社会经济发展这些大的问题。70年代末80年代初我复出后，一直到现在，围绕着这一目标，我已经做了20多年，我还要继续做下去。这一段工作我主要的研究体现在《行行重行行》一书中。因为受身体条件的限制，我已经不可能在具体的地方长期进行观察和访问，只能主要依靠各地群众和干部提供的情况和委托陪同我去考察的助手分别下乡或下厂去进一步了解情况，以及通过在当地进行的各种访问和座谈来取得一些感性知识。所以，我也只能根据别人的第二手材料，来介绍我曾经直接访问、看到的地方的情况，当然这不是严格的人类学田野调查工作了。在这里，我的特点是结合第二手材料和访问的材料进行类型式的比较研究，即typology（类型学）的方法。对于同一时期的不同类型的研究，可以看到一个社会的动态，特别是在现代化和城市化过程中如何改变的。在这一阶段中，我主要提出乡镇企业和小城镇发展两个主题。可以说在50年代以前我的类型比较研究主要局限在农村。虽然在40年代末，我已经注意到了农村的调查不能只限于农村本身，也应考察经常与农村社区发生关系和制约作用的城镇。不过由于内战的爆发和之后的社会学学科的被取消，我对于城镇的调查和研究，一直到80年代才开始。我提出

"小城镇，大问题"等题目，目的就是在于解决农民的出路问题。而小城镇的发展和乡镇工业紧密地联系在了一起。我从30年代起就指出了农村社会的发展在于农村工业化，即依托于本土社会文化优势的"草根工业"，让农民先富起来。而这个大的变化是在80年代以后才发生的。乡镇企业的出现和发展，使农民得到了很多非农就业的机会，使得农民的生活发生了质的变化。记得在1983年开始的小城镇研究中，我就提出了"类型、层次、兴衰、分布、发展"的10字提纲，成为研究小城镇的出发点。在此基础上，1984年提出了经济模式的概念。在我看来，所谓经济模式就是"在一定地区，一定历史条件下，具有特色的经济发展的路子"，进而引导出不同经济模式的比较研究，如苏南模式、温州模式、珠江模式等。这些模式本身和这一地区的社会文化基础有着一定的关系。我认为，任何经济制度都是特定文化中的一部分，都有它天地人的具体条件，都有它的组织结构和理论思想。具体条件成熟时发展成一定的制度，也必然会从它所在文化里产生与它相配合的伦理思想来做支柱。有的国外同行，如日本的社会学家鹤见和子教授认为，我的这些研究是"内发型发展论"的原型。

现在这些不同的模式也在变化之中。"苏南模式"是从人民公社中发生出来的，由社队工业变成乡镇企业的。这是第一个变化。第二个就是温州模式，是小商品大市场的模式，即把乡镇工业结合到市场经济里面，这是第二个大变化，也可以说是过渡阶段。现在为第三个阶段，是发展时期，即珠江模式，吸引外资利用外资提高科技含量来发展经济。这三个模式是互相连接起来的，有一个内在发展过程，现在苏南模式也正在改变，向着珠江模式发展了。

在这一时期，我以"下活全国一盘棋"为出发点，在注重沿海地区研究的同时，从80年代中期开始，更大程度地关注内地和边区的发展，特别是边区少数民族共同繁荣的问题。我曾经提出一些多民族的经济协作区的计划，有的已经在实施之中。如黄河中上游西北多民族地区、西南六江流域民族地区、南岭民族走廊地区、武陵山区山居民族地区、内蒙古农牧结合区等。在对这些区域进行综合性研究的基础上，我试图将民族研究与民族地区现代化的实际相结合。在边区民族经济的发展中，应该强调因地制宜，注意民族特点。如果总结我的研究，可以说从80年代中期开始，我的研究工作重点从沿海转到边区又到内地。从东南移到西北，从农村小城镇转到民族地区。作为一个多民族的国家，我们应该强调西部和东部的差距包含着民族的差距。西部的发展战略要考虑民族因素，而民族特点是一个民族从历史过程中形成的，适应其具体的物质和社会条件的特点。中国社会的民族特征，从历史上开始就在不同民族的交错地带，建立了经济和文化的联系。久而久之，形成具有地区特色的文化区域。人们在这个区域中，你来我往，互惠互利，形成一个多元文化共生的格局。我所提出的经济协作的发展路子，就是以历史文化区域为出发点的。

从实际讲，我的理论和方法还没有脱离最早期的人类学的理论的训练,我只是把这些理论和方法应用到正在变化中的中国社会和文化的研究中。去年我90岁时,把我以前写的文章,收集起来,出版了我的文集——《费孝通文集》(14卷)。这既是我个人经历的记录,也反映了时代在我身上发生的变化。

从今天这个会的主题来讲,并没有离开我的研究范围。因为我的目的是了解中国,中国就包含多民族的多元一体的中华文化,这一点不去多讲了,大家有兴趣可以看我已经写出来的东西。在提出这个看法之后,各方面都有反应。作为过程来看,多元一体是一个历史过程。这个过程也同时表示各民族的现代化、工业化和城市化。

我们讲都市人类学,就是要强调中国多元文化的主体在工业化和城市化道路上发生的变化。对于都市人类学的研究,我觉得可以从两方面来看,一方面是中国各民族现代化的过程,就是如何工业化、城市化。从生产本身讲,是如何从农业和手工业的基础发展到机器化,在这一阶段,第三跳还没有跳,这就是要研究的问题,这个问题的基本方向和基本理论是符合大多数民族的发展过程的,也包括占人口大多数的汉族。比如我研究的领域、地区也放大了一些,各民族从不同的起点出发,如何共同发展到现代社会的过程,在这方面内容更丰富了。第二我要想说的是,中国城市的特点不是单一民族的城市,是多民族构成的城市。这就存在一个问题,即不同文化的人在同一个城市中,如何和平共处在一个政治经济组织里面，一体化（多元一体）是如何完成的。这不仅是一个历史的概念，也是一个当今的概念。

这里面又包括了两个大问题：发展的问题和和平共处问题。

一是发展问题，现在我们叫西部大开发。西部地区少数民族成分多，大部分少数民族人口集中在西部地区，西部的现代化过程必然包括少数民族的现代化过程。中国作为一个统一的多民族国家，在都市研究中赋予了民族文化多样的内涵。在都市化过程中，如都市开发如何依托少数民族的文化传统，以及少数民族移民都市后的文化适应等，都是民族地区现代化过程中的新问题和新现象。所以，我们都市人类学应该包括这一部分，这是我的理解。不能像过去的人类学那样，满足于描述静态的本土性的原初的文化，必须要看到它的变化。文化的变迁应该成为以后人类学研究的主题。这又让我回想起我的老师马林诺斯基。1998年，在北京大学百年校庆所举行的"21世纪：文化自觉与跨文化对话"的国际学术系列讲座上，我曾经提交一篇《读马老师遗著〈文化动态论〉书后》的论文。在这篇论文中我谈了我阅读完马老师这部晚年著作的体会。最初，人类学的研究是以封闭的简单社会作为研究对象的学科，其比较也是在简单社会之间进行的，这也是马老师那个时代的中心研究工作。同时，他也是这一学科科学的民族志方法的奠基人，在早期，他也主张人类学应在封闭的社区中进行调查和研究，进而来揭示社区的文化功能。30年代末期，马老师基本写完了他描述和分析西太平洋岛土著人的那几本巨著。之后在走访非洲东部和南部的殖民地时，他看到的正是一个在发生文化巨变的大陆，他也看到了当地文化与外来的殖民地文化互动的生动情景。他认为研究人类社会文化的学科必须跟上形势的发展，他把文化的动态研究看作"现代人类学的新的任务"。马老师的《文化动态论》是在30年代末40年代初写的，1945年，在他逝世后三年由耶鲁大学出版社出版。这本书出版到现在已快60年了。他在去世前所提出的问题，就是dynamics of culture change，这一文化动态论适应于世界各民族的变化，他预先看到了，给我们指出了一个方向。我们这一代的人类学家以及我们下一代的人类学家，如何能接上他所开创的事业，这是我们当代人类学的一个主题。

二是和平共处问题，就是多民族在城市中共同的政治经济组织的框架之内能和平共处，继续发展。如果不能和平共处，就会出现很多问题，甚至出现纷争。实际上这个问题已经发生过了。过去占主要地位的西方文明即欧美文明没有解决好的问题，在这几年逐步凸显出来了。事实上也发生了很多的地方性的战争。最突出的是科索沃战争，这一类战争还在不断地发生。从人类学角度来看，第二次世界大战后，社会的巨变，科技、交通的发展，已使人类不能像简单社会那样处于相互隔绝的境界之中，人类的空间距离也日渐缩小。然而就在人类文化寻求取得共识的同时，大量的核武器、人口爆炸、粮食短缺、资源匮乏、民族纷争、地区冲突等一系列问题威胁着人类的生存。特别是冷战结束后，原有的但一直隐蔽起来的来自民族、宗教等文化的冲突愈演愈烈。自1988年以来，全世界爆发的武装冲突，除伊拉克入侵科威特的战争，都是由内部民族问题而引起的。有的研究者曾做过统计，从1949年到90年代初，因民族冲突而造成的伤亡大约为169万，数倍于在国家间战争中死亡的人数。诸如苏联解体后，一些民族的主权与独立问题，非洲的索马里和苏丹，亚洲的缅甸和斯里兰卡，南斯拉夫的克罗地亚、塞尔维亚、波黑及科索沃问题等。从这个意义上说，人类社会正面临着一场社会的危机、文明的危机。这类全球性问题所隐含着的潜在危机，引起了人们的警觉。不同学科的学者正在寻找形成种种危机的根源，期盼发现解决问题的办法。而作为科学的人类学也正在以传统的研究领域和技术为基础，扩展自身的研究视野，试图探索出解决现代社会诸问题的方法，并从比较社会与文化的视角来解决人类赖以生存和发展的问题，引导人们适应现在和未来变化的轨迹。

这个问题，看来原来已有的西方的学术思想里还不能解决。而中国的传统经验以及当代的民族政策，都符合和平共处的逻辑。事实上我们的方向已经有了，而且已经向前走了一步了。我们的民族政策已经走过了50年。对于这些问题也希望引起我们国际的人类学家的关心，共同研究这其中的理论上的发展等。

21世纪的脚步声已依稀听到，人类正在匆匆构筑21世纪的共同理念。不同的国家、民族、宗教、文化的人们，如何才能和平相处，共创人类的未来，这是摆在我们面前的课题。

刻在孔庙大成殿前的"中和位育"几个字代表了儒家文化的精髓，成为中国人的基本价值取向。这种"中和"的观念在文化上表现为文化宽容和文化共享。记得11年前，在日本东京为我召开的80岁生日的欢叙会上，我在展望人类学的前景时，提出人类学要为文化的"各美其美、美人之美、美美与共、天下大同"做出贡献。这就是意味着人类学应当探讨文化的自我认识、相互理解、相互宽容和世界多元文化之间的共生理念以及达到"天下大同"的途径。事实上，如果我们再往回看呢，这是在中国的传统的经验里面所一直强调的"和而不同"思想的反映。

对于中国人来说，追求"天人合一"是一种理想的境界，而在"天人"之间的社会规范就是"和"。这一"和"的观念成为中国社会内部结构各种社会关系的基本出发点。在与异民族相处时，把这种"和"的理念置于具体的民族关系之中，出现了"和而不同"的理念。这一点与西方的民族观念很不相同。这是历史发展的过程不同即历史的经验不一样。所以中国历史上所讲的"和而不同"，也是我的多元一体理论的另外一种说法。承认不同，但是要"和"，这是世界多元文化必走的一条道路，否则就要出现纷争。只强调"同"而不能"和"，那只能是毁灭。"和而不同"就是人类共同生存的基本条件。

我们现在生活的世界都已被纳入到全球化的世界体系

中。但发端于西方世界的全球化浪潮，在非西方世界接受西方的文化的同时，也应当通过自身的文化个性来予以回应。过去很多观点认为，随着全球化特别是少数民族移居都市后，在民族文化和文化认同上会逐渐丧失个性，事实却非如此。事实上，全球化与地方社会之间有一互相对应的逻辑关系。说到这里，我想起了我近年来在很多场合提到的"文化自觉"的问题。"文化自觉"是当今时代的要求，它指的是生活在一定文化中的人对其文化有"自知之明"，并且对其发展历程和未来有充分的认识。从某种意义上可以讲，文化自觉就是在全球范围内提倡"和而不同"的文化观的具体表现。

在人类即将进入21世纪的今天，我们聚集在一个有着悠久文明，有着占世界人口将近1/4的多民族文化和平共处的中国，来讨论"都市民族文化：维护与相互影响"这一会议的主题，确实有着深远的历史意义。我相信中国思想中的这种"和而不同"的理念，也一定会赋予这一会议主题以新的内涵。

2000 年 7 月 28 日

中国古代玉器和传统文化[1]

刚进入21世纪不久我们就聚到一起，在红山文化的诞生地区——沈阳，召开"中国古代玉器与传统文化学术讨论会"，我感到很高兴。这次讨论会是我建议的，这个建议得到了中国考古学会、国家文物局、辽宁省考古学会和辽宁省有关部门的大力支持，我在此表示感谢。

我是学人类学社会学的，没有专门学过考古学，但是对考古学一直很有兴趣，所以时常关心考古学的新发现和新进展。解放前，我主要是研究中国农村的情况，新中国成立后，我到民族事务委员会工作，筹建中央民族学院并担任副院长。为了办学的需要，我们请了一些专家来讲授关于民族学的课程，但是有一门综合论述中国民族史的课程，即讲授中华民族怎样形成的这门课，一时找不到老师。无奈之下，不得不由我自己来讲。为了讲好课，我曾在两年的时间里，多次到西南少数民族地区考察，就在这些考察、学习过程中，我接触到了许多当地出土的文物，并且使我逐渐形成一个看

---

[1] 本文是作者在沈阳"中国古代玉器与传统文化学术讨论会"（2001）上的发言，后刊发于《群言》2001年第8期。——编者

法，即中华民族多元一体的观点，并将这个观点贯穿到教学中。遗憾的是，由于众所周知的原因，这门课没能讲下去。

时隔30年以后，在1988年，我把这个观点整理成《中华民族的多元一体格局》一文发表。文章发表以后，民委于1990年专门召集了一次讨论这篇文章的座谈会，当时苏秉琦先生出席了会议，苏先生根据对考古学材料的研究，也得出了与我相似的观点。

当今人类已经进入了一个新纪元，地球上发生了很大的变化，由于交通、通讯、信息等科学技术的迅猛提高，世界经济开始走向一体化。因此，世界上不同文化的人们就会不可避免地、频繁地发生接触。这样就出现了一个多元文化在一体化经济里发生碰撞的问题，从而产生矛盾，这个矛盾在21世纪里应该如何解决？我认为，我们不必去争论是西方文化优越，还是东方文化优越，正确的态度，应该是东西方文化相互兼容、取长补短，以达到在世界范围内全人类的"多元一体"。要达到这个目的，东西方各民族都应该进行"文化自觉"，检验一下各自的文化有什么特点，并且将各自文化中优秀的那部分发扬光大，使之互相交流、融合发展，共同创造新的、更加光辉灿烂的世界文明。

东西方文化各有各的特点，我们中国文化也有许多独特的东西。但是，哪些东西是西方文化中所没有而是中华文明所独有的呢？中华民族还有什么好的精神和优秀传统，能贡献给未来的世界？我想，我们应该将那些能代表中国文化独有的、具有鲜明特色的那部分，从理论上加以剖析，并展示在世人面前。

在纷繁的、独具特色的中国文化中，我想到了中国古代的玉器。玉器在中国的历史上曾经占有很重要的地位，这种现象是西方所没有的，或者说是很少见的。我们考古学界是否可以将对玉器的研究作为切入点，从更深刻的层面上阐述玉器在中国文化中所包含的意义，把考古学的研究同精神文明的研究结合起来。

玉器应该是属于石器的一部分，不过它是美的石头。这些美的石头——美玉，从普通的石器发展成为玉器之后，这些器物本身就不再是普通的工具了，它被注入了更高一级的价值观念和意识形态。从历史上看，在石器逐渐演变成美玉的过程中，中华民族的文字也逐步形成，中国古代的社会组织又有了变化，出现了一个从事文化事业，靠文字、靠脑力劳动谋生的士大夫阶层，正是这一批人，对历史文化传统的传承起到了很重要的作用，他们赋予了文化以新的价值观念。

据一些文章分析，中国古代的玉器至少有三个或四个源头：燕山南北地带的红山文化、太湖流域的良渚文化、海岱区的大汶口—龙山文化；近年还有人提出，华西地区出土的玉器有它自己的特色，可以看作是另一个源头。

到了商代，各地的玉器精华辐辏中原的商朝，使商代玉器的制作技术更趋完美，玉器的社会功能得到了深化，价值观念得到了提升。到了西周，玉器更成了"礼"的载体，各阶层贵族所佩戴的玉器都有严格的规定。玉器不仅是社会地位的象征，而且还体现了中国传统的道德标准、价值观念。中国人赋予玉器特有的功能和观念，集中体现在儒家所提倡的"以玉比德"，即给予玉器以温润、和谐、高洁、刚毅和坚贞等品德；提出玉有仁、义、智、勇、洁等许多美德，有所谓五德、七德、九德之说。使玉成为高洁的人品、和谐的人际关系和坚贞的民族气节等美好的人格与事物的象征。直到今天，我们从字典上能找到的带玉字的成语全都是褒义词，如"化干戈为玉帛""宁为玉碎不为瓦全"等等。这种将玉器作为美德载体的文化现象，在全世界是独一无二的。

我们现在应该将对玉器的研究提升到对其内涵意义的挖掘上，从物质切入到精神上，同价值观联系起来。我想从石器到美玉的演变，与社会组织中士大夫阶层的出现之间，必然存在着相当复杂的关系，这也正是中国文化不同于西方文化的特点之一，从这一点出发扩展开来，应该有很多文章可做。

20世纪二三十年代，傅斯年根据胡适的思想，在我国的考古学界，提出考古学要实事求是，以资料为主，资料以外的事不要多讲的主张，这在当时是必要的和十分及时的。然而，我们已经进入了21世纪，时过境迁，中国社会已经发生了翻天覆地的变化，当今的考古研究，应当更加注意文化的意义，因为文化的意义在当代已经成为世界性的大问题。就是我上面说的，在经济全球一体化的时候，多元化的世界文化应该怎样和谐相处。这是个大问题，需要大家开动脑筋好好想一想。

希望我们考古界的朋友，思想再解放一点，冲破"就材料论材料"的羁绊，在夏鼐和苏秉琦先生建立起的研究基础上，更上一层楼，将考古学的研究提高到更高的层次。我虽然年纪已经大了，而且考古也不是专长，但是，十分希望能够继续和大家聚在一起开这样的讨论会。

2001年5月

再谈中国古代玉器和传统文化[1]

中国文化向哪里去?去年我参加炎黄文化研究会召开的国际学术讨论会时,提到了这个问题。我认为,当今的世界正处于全球化的转型时期,世界经济开始走向全球化,那么世界文化是不是也要全球化?我们中国文化向哪里去?这是摆在我们面前的一个很迫切的问题,那次会议,反映了与会者关心这个问题的急迫心情。世界形势正在变化,我们每个人都应当思考。我虽然年岁大了,但是还活在这个世界上,就要思考这个问题。作为一个人总是要死的,但是中华民族还存在,中华民族的文化不仅存在而且还在延续,当世界经济走向一体化的时候,中华民族文化将向哪里去?这是我们在文化传承方面所面临的一个大问题。所以,我提出文化自觉,要明白自己文化的来龙去脉,我们的文化是怎么来的,经过哪些波折,又将向哪里去。这不单单是我们国家和民族文化的大问题,也是全世界每个国家和民族文化共同的大问题。

文化自觉最主要是回顾前人的经验,从前人的文化发

---

[1] 本文刊发于《群言》2001年第10期。——编者

展中汲取有益的教训。中国历史悠久，前人留下了许多很好的经验，可以帮助我们把握好下一步向哪里走，走得更稳当一些。这几年我一直在思考这个问题，于是想到了考古学界的朋友们，想请你们考虑一下，在你们的学科中有什么可以帮助我的地方，帮我来思考这个问题。

我有很多事曾得益于考古学界的朋友。早年搞民族工作时，当时正在筹建人民代表大会，要了解中国有多少个民族，各民族的情况怎么样，如何才能团结成为一体。为了解决这个问题，尹达、曾昭燏等老一辈考古学家，协助我在云南做调查，一路上共同探讨这个问题。从云南的少数民族历史里，我们选择与考古学相关的南诏大理史迹的调查，绕滇池走了一圈，真是得益匪浅，通过调查我们得出了一个不同民族可以融合起来的道理，这是历史事实所证实了的事情。回京以后，我在民族学院开了一门课，用多元一体的观点来讲中华民族形成的历史。所以我要感谢考古学界的朋友帮了我的忙。接下来我碰到苏秉琦同志，他从考古学上把中华民族远古文化的发展也概括为多元一体的模式，得出了和我同样的观点，并且写出书来，从而推动了考古学的发展。这些事实证明我们是可以互相帮助的。现在又到了需要互助推动的时候了，请考古学界的朋友帮忙，先来推动我。

我曾和几位考古学界的朋友聊天，我们从考古学的角度来讨论中西文化有什么区别，有什么重要的不同，差异在哪儿。如果从远古史讲起，当时尚无纪年，也没有文字，考古学家工作的重点就是根据考古发现的遗迹、遗物来恢复远古的历史。譬如有人告诉我玉文化是中国有特色的文化,玉器不能说外国没有,但外国人没有像我们对玉器那么重视。我想可以抓住这个特点,来弄清玉这个东西发展变化的历史,透过玉文化来看中国文化发展的规律。这便是我建议召开这一"中国古代玉器与传统文化学术讨论会"的原因和目的。这种对中国文化发展的研讨是反映时代要求的,而且很急迫,因为这是关系到我们民族生死存亡的大事。中国的根本问题是我们的十多亿人怎么活下去,还要代代相传,我们要给子孙留下些什么东西?这里面有历史问题,从过去看将来,历史问题不搞清楚,对将来会有很多迷茫,所以考古学的研究是很重要的,不是可有可无的事情。我提出在中国玉器的文化上做些研究,其意在此。这就要依靠考古学界的朋友们了。

我是学人类学的,人类学里面应当包括考古学,可是我没有学考古学。当年我的老师史禄国,为我制定的学习计划是先学体质人类学,再学语言学,最后学社会人类学,其间还要自学一段考古学。但是,两年以后他便离开了清华大学,我也离开清华去英国学习了。在史禄国指导下,我只读了体质人类学,懂了点人体测量,对考古学则没有接触。原来以为将来总会有机会和时间可以补上这门课程,谁料我的一生变化无常,以后再无缘补上这一课。现在,我已年逾九十,但是在关系到民族生死存亡的大事面前,我仍愿重新补上这一课。这就是我提出问题的背景。

最近我读到了一些关于考古学方面的文章,我想谈一点读后感，谈谈从中获得的教益。其中有两篇关于中国文化的走向问题的文章对我很有启发。

第一篇是许倬云先生写的《神祇与祖灵》。许先生是美国匹兹堡大学的教授，去年在香港我和他见过面，谈得很投机，但对他的文章却没有好好读过。在美国的中国考古学家中还有张光直先生，我在访问美国时与他见过面，交谈过，可惜今年初他去世了。我的一些考古学界的老朋友都故去了，尹达、夏鼐去世了，曾昭燏、苏秉琦先生也去世了。因此，现在我要同考古学界沟通时，只好通过比我晚一辈的朋友了，如社科院考古所的潘其风，就给过我很多帮助。

我和许倬云先生私交不深，见面交谈以后觉得他的学问确实不错。他在这篇文章中提到信仰神灵上天和祖先崇拜，都与玉文化有关。许先生研究红山文化的玉器，是以研究牛河梁红山文化墓地为对象的，在研究方法上是以群体来研究，不是孤立的文物研究，他的着眼点是墓群，他把单体的文物纳入到一个群体之中去研究，我非常欣赏他的这种研究方法。我自己在做民族社会调查时也如此，我不是只调查一个人，而是以一个村子为单位，要调查人与人的关系。许先生从对这一墓群的调查中看出褅郊与祖先崇拜两者之间的区别。牛河梁红山文化有两组墓地，一组葬在高地上，墓主的社会地位较高，随葬品中有玉器，看不见或很少见到陶器和生产工具；另一组是在低地上的墓葬，随葬品以陶器或生产工具为主，很少有玉器随葬。这种现象说明什么意义？玉器起什么作用？功能学派讲究探寻活的意义和作用，也就是要研究玉器在墓主人活着的时候的意义和作用。许先生认为牛河梁红山文化墓地所出土的玉器集中地说明，红山文化社会中有两批人：一批是有玉器随葬的人，另一批是没有玉器随葬的人。有玉器随葬的人很可能是代表神（God）的萨满（shaman），是上天的代言人，是通天的，他有象征其身份的特别表象（或称符号symbol），这种表象便是玉器。我认为许先生说得有道理，红山文化的玉器是一种表象，因为当时的人信奉上天，他们要通过一个人来与上天沟通，这个人要有一种特殊的法器，某些有特殊形制的玉器便成了这种人的法器。说起来很有趣，我的老师史禄国认为，通古斯人起源在黄河流域，北方有些部族中就有萨满，他们就是一种能通灵的人。萨满起源很早，几千年来一直保留下来。文化是不可能完全被消灭的。但是，史先生在讲通古斯的萨满时没有讲过萨满是否使用玉器。在中国萨满阶层没有传下来，以汉族为中心的中华民族文化中，没有发展出萨满文化来。

许先生认为玉器的早期功能是起通灵的作用的，因为并非每个人都能与上天通话。墓中只随葬陶器和生产工具的人，是不具备与上天通灵的资格的。当然，这些问题的阐释都是一种初步的研究和推论，还有待做进一步的探讨。

总之，当时红山文化的社会已分化为两个阶层，上层是可以与上天通灵的人，下层则是不能通灵的生产者。这种现象不单是在红山文化中存在，在良渚文化中也有类似的情形。

东西方文化的发展各有各的途径。西方历史中最重要的是资本主义产生，资本主义产生的基础是基督教的新教徒，这是韦伯讲过的，他有一本很大的著作：《基督教伦理与资本主义精神》(*Protestantisch Ethik und den Geist des Kapitalismus*)。

第二篇是郭大顺先生谈红山文化"惟玉为葬"的文章，他相信早期玉器是可能通神的说法，提出从"惟玉通神"发展到"以玉比德"，这一观点比许倬云的文章又有发展。玉器的内涵从通神到通人，即从表示人与天的关系发展到表示人与人的"礼"和"德"的关系，这是一个很大的变化。中国没有宗教，从相信上天转变到推崇礼和德，要有一个过渡时期。礼是将人与人的关系神圣化（sacred），礼不是法，礼是大家公认的行为准则，譬如我们见面鞠躬行礼，这种行为不是强迫的，而是大家共同遵守的礼貌。中国有句古话，叫作"坐有坐相，立有立相"，随心所欲，那是不文明、没有规矩的表现。我小时候没有规矩是要挨打的。我说的这些都是平常的小事，礼最要紧的是管人与人之间的大事，"三纲六纪"是它的最高原则。从礼到德，德是用自己的力量来约束自己，是一种内化的自觉行为，内化就是将外在的规则通过思维变成自己行为的是非标准。从礼到德的过渡是反映人们认同礼的思维过程。中国古代的礼是从什么时候开始的？德又是从什么时候建立起来的？这些都是历史学家要回答的问题。我觉得从有阶级的文明社会产生以来，礼便在建立，西周似乎是一个很重要的历史阶段；春秋以后，孔子的儒家学派诞生，"以玉比德"的概念才逐步形成。

讨论中国古代玉器与传统文化的关系，必须与中国古代社会分化的历史联系起来。中国古代社会分化，即社会阶层开始变化时，有一条很重要的标准，便是有了君子与小人之别，君子是高人一等的人，但同以前能够与天沟通的萨满不同，萨满是得天之灵的巫师，而君子则是通晓礼法的"士"。孔子只懂得"周礼"，有不知道的地方也要去"问礼"。礼和法不同，法是凭外力控制，带有强制性，礼则是甘心情愿遵从的。我想从礼到德的过渡时期，文字的应用和"士"的出现有密切关系。士在有了政治地位以后，就不仅是君子，而且是"士大夫"了。

那么，中国古代玉器与传统文化究竟有什么关系呢？大体说它们之间关系的演变，可以分为三个阶段：第一阶段是玉器的初期阶段，它主要是作为萨满同天沟通的法器而存在；第二个阶段是在文明社会中作为表现礼的等级制度的佩饰而出现；第三个阶段是把玉器作为装饰品来佩用，但把人们的道德观念与玉器相联系起来，视玉器为人们道德品行的象征。因此，中国人喜爱玉器历数千年而不衰。

中国玉文化的研究，在上述两篇文章中都提出了很有见地的意见。可见我们选择中国玉器与传统文化这个课题来讨论是恰当的。最后谈几点我对研究这个课题的意见：第一，要吸收一点社会学的研究方法。考古学虽然是以研究古代人类的遗迹、遗物为对象的，但它要阐释的却是以人类古代社会为主体的问题，因此，借鉴社会学的研究方法是很必要的。研究者不要把遗迹、遗物孤立起来，要把它们放回古代社会之中，叫被发掘出来的遗迹、遗物说话。考古学家就是这些古人类遗迹、遗物的代言人。第二，要研究中国古代玉器变化的历史。考古学家从考古学的角度，对中国古代玉器做分区、分期的研究，要研究不同文化系统的玉器的特点和变化。在这个基础上，我们要考察早期玉器与萨满的关系，为什么玉器是萨满通灵的表象？为什么后来玉器又成为人的人格、行为、道德的表象？并用它来教育人。第三，我还要强调在我们这个课题的研究中，一定要坚持科学性。科学性的基础必须是经过科学发掘出来的中国古代玉器。中国古代玉器的收集和研究有很长的历史，从公元 10 世纪末北宋时代，一直到 19 世纪末叶，属于金石学的范畴，利用古玉来"解经读礼"。从明代开始古玉变成了古董，成了有经济价值的商品，传世古玉中的假冒伪劣之品，逐渐充斥市场，给学术研究工作带来了很大的困难。20 世纪初现代中国考古学产生以后才改变了这种局面。但是，在中国古代玉器的研究中，科学与非科学的斗争一直到现在也没有终止。我希望考古学家要站在科学的立场上，保卫玉文化研究的纯真性。

2001 年 5 月

人类学与 21 世纪[1]

一

在刚刚过去的一年中,时间的流逝让人惊觉。不久前,人们还在谈论如何迎接 21 世纪。一瞬间,我们却已经实实在在地身处在这个新世纪当中了。年轻一代对时间的流逝或许能满不在乎,可我这个已是耄耋之年的人,顿时平添了"逝者如斯""时间不等人"的感觉。

对时间的这种感叹,并非无病呻吟,它表达了我个人对于人文世界变动的体会。我对人文世界进行有意识的研究,开始于 60 多年前的 20 世纪前期,后来目睹了一连串社会变动和经济变迁,让我有了一些新的感受和认识。在新的世纪的第一个年头,我又看到,人类重新面对着很多新的问题。曾几何时,世界各国的人民还在潜心探索建立民族国家、实现工业化及获得民族经济自主性的道路。现在,这些问题的重要性,似乎已经不再那么大了。国际关系格局的调整、"新经济"的出现、经济和文化交流导致的民族国家危

---

[1] 本文刊发于《西北民族研究》2002 年第 1 期。——编者

机等等，使人类必须面对20世纪没有面对过的许多新问题。

在社会科学里，这些大转变被描述成超个人外在变迁，但它们却与人类的生活息息相关。就我自己来说，目睹这些变化，让我个人感受中的"人生时间"增添了一种时间交错的意识。在历史变动的过程中，不同的人对他们生活在其中的世界的变化，做出了不同的反应。我一直认为，作为一位知识者，我采取的是一种"从实求知"的路子，这就是说，我力求在社会生活的实际状况和参与中，理解和解释我们的社会。在新的世纪里，社会生活的实际情况正在发生很大变化，而我这个属于20世纪的人，对于这个新的百年的参与也将越来越成为不可能。可是，怎样合理使用我那越来越少的时间资本，来与新一代共同探索人类面对的新问题和人类未来的命运？就我个人的经验和体会所能说明的，对于研究和解决新世纪人类面临的新问题，从事人类学研究的同人，当以什么特别的办法来做出什么特别的贡献？

二

在座的同人知道，我曾经在伦敦经济与政治学院跟随人类学家马林诺斯基老师学习过人类学。有些同人也可能会记得，我曾多次在国际上获得人类学方面的奖励。对于这些奖励，我实在受之有愧。不过，我承认，自己在60多年来的研究和实践当中，确实与这门学科结下了不解之缘。因为吴文藻老师的教导关系，当时我和燕京大学的几位同学能及时接触到前沿的理论和研究方法。30年代，我即有机会从派克在燕京大学的授课中，了解当时西方世界最先进的社会学和人类学观点。这对于我后来的研究和实践，产生了相当大的影响。后来，在清华大学受到史禄国教授的指导，接着又有机会前往伦敦经济与政治学院，从马林诺斯基等老师那里，学习到了当时社会人类学的先进思想。

我曾将自己的学术生命分成两段，它的后段是20年前才得到的。在自己的第二次学术生命中，我做的一件事，就是回顾和反思自己的学术生涯，我写出了一些论文，这些论文记录了我学术研究早期我和我的老师们之间的关系，也试图通过探讨这种人与人之间、思想与思想之间、文化与文化之间的互动，来表达自己的学术思路。这些文字都发表出来了，这里就没有必要赘述，但其中有一方面，我觉得还是有必要向人类学界同人再次强调——这就是我已经多次提到的马林诺斯基老师和他的文化论。

在马老师的时代，西方人类学处在一个矛盾的年代。20世纪开始不久，世界性的战争就爆发了。随着西方民族国家之间利益矛盾的产生和激化，西方国与国之间、文化与文化之间、民族与民族之间的纷争愈演愈烈。这不能不引起一些有良知的人类学家的反应。包括马老师在内的一些人类学家看到，欧洲从19世纪的对外帝国主义侵略，到20世纪前期的国家矛盾，与西方中心主义的世界观，有着难以切割的密切关系，而这种西方中心主义的世界观，又曾是一代人类学前辈的信仰。

在马老师以前,以西方为中心的社会进化论和文明观,充斥着人类学的写作。在19世纪的西方,进化论者主张进步,因而不仅曾经推动过西方现代化的进程,而且到后来还启蒙了非西方民族的自觉,然而,正如马老师看到的,当时的进化论思想家和人类学家,都将西方当成是全体人类未来发展的方向,也就是将西方放在文明阶梯的最顶端。在运用进化论思想的过程中,西方人类学家经常为了满足他们的理论需要,将非西方文化的各种类型排列为一个特定的时间上的发展序列,好像所有的非西方文化都是在成为西方世界的"文化残存"(cultural survivals)。这种西方中心的历史观,后来被西方学者自己称作"teleology",也就是"目的论"。马林诺斯基老师不是对这种观念进行反思的第一人,可是在人类学和社会科学的其他门类中,他算是反思这种观念的第一代人。他及时看到,西方中心论引导下的文化研究,是西方中心主义的,它无法体现非西方文化的自主性和生命力。他还意识到,西方中心主义的文化论,在帝国主义的文明化过程中,误解了诸多类型的非西方文化,它的单线进化观点,妨碍了文化与文化之间的相互理解和依存。

作为一位遭受战争和病患的波兰人,马老师能具备这样的见识和洞察力,与他的民族的现代命运有着密切的关系。将他的理论与他的人生联系起来,我们能看到,人类学的学说与人类学家的生活两者之间,倘若不能说有什么因果关系,那么,它们至少也有着比较明显的互动关系。这里更值得我们记住的还有：为了说明19世纪人类学的缺憾，为了减少文化矛盾给人文世界带来的损害，马老师发明了一套叫作"功能主义"（functionalism）的文化研究办法。用一句简单的话来说，这套办法的核心内容，就是重新恢复一度被"古典人类学家"当成"文化残存"的非西方文化的名誉。马老师认定，非西方文化的存在，不是因为它们是西方文明的历史对象，而是因为它们都在各自的生活场景当中扮演着社会作用，满足着人类生活的特定需要。我在几十年前翻译的马老师代表作《文化论》，就系统地阐述了这一论点。

观点一旦改变，研究方法也就需要做出调整。马老师认为，社会人类学再也不应沉浸在19世纪的西方中心的文明论的泥潭中，而应超脱西方文明的局限，到非西方文化的时空坐标里头，去体会不同文化的共同意义。在他以前，多数人类学家属于"摇椅上的学者"，他们利用传教士、探险家、商人对非西方民族的记载，来整理自己的思路、描述人文类型、构思人文世界的宏观历史与地理关系。"摇椅上的学者"没有做的，就是我后来称作"行行重行行"的那种工作，这种工作被马老师称作"fieldwork"，即我们说的"田野工作"。马老师还将呈现"田野工作"成果的文本称作"ethnography"，即我们说的"民族志"。这两个层次和研究阶段加起来，就是社会人类学方法，而它包括的内容涉及非西方文化的各个方面，包括这些人文类型中的制度、行为方式、思想方式的总体思考。换句话说，在马老师看来，社会人类学研究的这两个基本办法，共同促成了一种新的文化论的生成，这就是

"整体的观点"（holism）。

我自己从马老师学习文化论，体会到"整体的观点"来之不易。它要求社会人类学的研究者必须全面把握一个特定的社会实体的经济、社会组织、宗教、政治等等方面的面貌，再从一个整体的高度来理解这些方面如何作为一个文化的整体来满足人类及其群体在不同层次上的需要。后来的人类学家为了研究的便利，将社会人类学研究分成经济人类学、亲属制度与社会组织、宗教或象征人类学、政治人类学等分支领域，大多数人类学家选择这些领域的某一分支，成为分支领域研究的专家，但他们的分析框架实际没有脱离马老师的整体文化论，没有脱离在文化整体中解释个别制度、个别行为、个别思想的方法。

三

过去30年来，随着20世纪逐步走向终结，马老师的这套开创了现代人类学的功能方法，遭受到了不少西方人类学者的批评。有人说，他将文化看成满足人类的基本需要，是将文化本来十分丰富的内容化约为（reduce）人的本性；有人说，他的整体民族志的方法使人类学家长期以来忘记了文化内部的复杂性和文化之间交往的现实性；更有人说，他这样的文化论，虽带有批判西方中心主义的动机，却在实际上将非西方与西方之间的差异推向极端……

四年前，针对马老师对我所提的"文明社会的人类学"希望，我也表达了自己对于他的民族志方法在有文字的复杂社会中面临的种种问题和疑惑。但我也不无谨慎地看到，在西方内部展开这样的人类学自我批评，表现了20世纪西方社会科学那种标新立异心态。由于有些批评不简单是学术批评，而常常与不同民族的学术文化传承和偏见有关，因此，也让我们体会到20世纪西方世界的"战国心态"。其实，很少人能否认，对于马老师文化论展开的诸如此类的批评，没有否定马老师在人文价值观和人类学方法论方面的巨大贡献。在个人的研究实践当中，我一直深受马老师的文化论的影响。这一文化论让我更清楚地看到，要理解一个像中国这样的非西方民族的文化和文化变迁，人类学家不能以西方为中心来展开他们的工作，而应当脚踏实地，从它的内部来进行社会科学的分析。同时，整体的人类学观点，也一直激励着我去更加全面地理解我们的人民和社会的运行逻辑。

这样替马老师说话，不是为了在中国人类学界宣扬一种旧有的，甚至是过时了的理论和研究方法。其实，在个人的学术生涯中，我一直努力将所学的有关这门学科和其他门类的知识与中国实际的社会变迁与文化问题联系起来。我说这种方法可以被称为"从实求知"，并在1998年出版的一部文集中用"从实求知"作为书名，意思是说我力求在对社会现实的参与中寻求新的知识。过去十多年来，我发表了一些文章，表述了我个人学习人类学的体会及对这门学科的发展怀有的期待。进入新世纪的门槛，重新回顾一下谈论过的那些问题，我又深深地感到，人类已经进入一个很不同的时代。我的老师马林诺斯基开始他的人类学研究时，世界上各文化之间的关系还没有现在那么密切，而且20世纪前期与19世纪不同，欧洲各国忙于处理欧洲民族国家之间的关系、忙于相互之间的利益争夺，而无法顾及一些曾经被以往在帝国时代顾及的非西方事务，因而他有可能在西太平洋找到著名的世外桃源式的特罗布里恩德岛，来与社会冲突深重的欧洲做比较。可是，我60多年前到伦敦留学的时候，文化之间的关系已开始发生着深刻的变化。马老师自己面对这些变化，意识到那个时代西方文化虽然已在实现其世界性的扩张，而引起非西方人民的文化自我意识兴起。他后来在《文化动态论》中表示，这个世界已是一个文化接触频繁、矛盾重重的世界，给现代人类学提出了严峻的挑战。60多年以后，再来看看我们生存于其中的这个世界，我个人更是感触无穷。

有些西方人类学同人以为，马林诺斯基一辈子的研究只是功能的整体文化论。其实，马老师后期的著作，已经显露出对自己的这种论点的反思。在他后期著作《文化动态论》中初步总结的看法，预示着一个文化多元世界的确立。他认为，到了三四十年代，非西方各民族已经面临着如何处理本土文化与外来的西方文化的关系问题，他们的文化不再是封闭的蛮荒之岛，而正在同世界其他地区的文化进行形形色色的交往。这种文化间的交往，有时表现为战争和矛盾，但最终的结果可能是民族文化自我意识的兴起与西方文化的移植。在三届研讨班,我说到马老师的"三项法",指的就是他对于文化动态过程的基本看法。现在看来,"三项法"所指的文化类型,即本土的、外来的、综合的三种类型,也就是我们在20世纪末广泛谈论的民族主义、全球化和文化融合的现象和问题。

四

值得一提的是,我对于文化动态论叙述的那些丰富面貌,也有个人的体会。这些日子以来,我多次谈到,从20世纪前期到21世纪的初刻,我们和我们的国家一起经历了从农业社会到工业社会,再从工业社会到信息社会的大转变,我用"三级两跳"这个概念来形容20世纪中国的这一系列变化。在文化变迁和经济发展如此快速的时代,从事人类学研究的同人,又如何来面对现实社会的变化?

在马老师逝世以后的半个多世纪里,科技的进步和社会的发展,确实促成了不同人文类型之间的交流和融合。有不少学者用"全球化"(globalization)这个概念来概括新时代人类群体和文化之间发生的交流和融合现象。我能同意,世界性的交互影响正在给人类生活带来深刻的变化,我们如还没有更恰当的词汇来描述这些变化,"全球化"这个词暂时还是有意义的。不过,倘若我们简单地相信"全球化"正在造就一个"文化一体的世界"(one-world culture),那就有些操之过急了。

在我们这个文化交融的时代，我们在中国的城乡地区确实能看到很多带着西方文化的影子。例如，现在的北京，到处有年轻人在消费美式的快餐，如麦当劳、肯德基等等，他们穿着的时装，与我们年轻时也差别很大，有时甚至让我这个旧时代成长起来的人觉得有些荒唐。而在伦敦、巴黎、纽约等国际大都会，人们也容易看到不同人种、不同文化类型的并存，其中中国移民和唐人街的形象，仅是其中一种。在世界各地发展迅速的网上交流方式，正在使文化之间的距离再度缩短，而跨国公司的势力范围和"跨国性"的拓展和增强，又冲击着挑战了以民族国家为核心的各种制度。

然而，文化之间的交流，不等于文化差异的消灭。就经历了"三级两跳"的中国来说，我们诚然在科学技术、经济等方面与世界其他地区的交往更频繁，共通之处更多了，但我们的老祖宗经过几千年积累的文化遗产不见得会随着这种"全球化"的发展而全部消失。相反，实际的情况恐怕是，我们的文化传统正在逐步引起我们的政府和人民的重视。随着世界性科学技术和政治经济交往的日益加深，中华民族的儿女会更多地感受到对我们自己的民族、我们自己的文化的肯定和认同。与此同时，中国文化也正在为世界其他地区的人民所承认，一些了解西方现代文明缺陷的西方学者，更呼吁要与中国展开跨文化的对话，试图从我们老祖宗留下的遗产当中来寻找解决西方现代文明内在矛盾的方案。

就是在这样一个文化交融和文化自觉并存的情况下，

在西方学者当中,有人提出了"文明冲突"的理论,认为20世纪末期以后,到21世纪,世界将进入一个以文明为单位的冲突时代。全球化理论家和文明冲突论者在他们的论著中讨论的"文化",已再也不是马林诺斯基意义上的"文化"了。在人类学的概念里,"文化"指的是一个民族或群体共有的生活方式和观念体系的总体,而民族或群体是可大可小的。现在的全球化理论家和文明冲突论者谈论的"文化"或"文明",往往与世界地理意义上的五大洲的少数几种文明类型有关。不过,即使有这样的不同,在21世纪,人类学者仍然有必要考虑现实社会提出的新问题,如21世纪的人文世界,到底将是一个文化一体的世界、一个全球化的世界,还是一个"文明冲突"的世界?20世纪的欧洲"战国群雄"相争的时代,会不会推延到包括整个世界的范围里?

五

在过去的一个世纪当中,文化之间表现出的既相互依存又相互有别的纷繁复杂的现象,一直是社会文化人类学研究的基本对象。在100多年的学科发展中,世界各地人类学,曾受西方帝国主义观念的制约,也曾因为学术洞察力的不足,而与现实世界之间构成某种本来不该有的距离,针对这些制约、这些调查力的缺乏及学科与现实世界的距离,已经有不少非西方的人类学者提出了批评和建议。

前几年，在《人文价值再思考》一文中，我提到一位反思西方的"东方论"的学者，他就为我们指出，西方对于非西方的"理解"，其实经常是以维护西方自身的利益和权力关系结构为前提的。而与这位学者几乎同时，一大批政治经济学家和人类学家也协力通过研究现代帝国主义、资本主义"世界体系"的历史形成过程，来解释现代世界民族与民族之间、文化与文化之间、国家与国家之间的不平等关系。当前的全球化理论家认为，"世界体系"代表的这种世界性的文化和政治经济不平等状态，是一种从西方到非西方的单向历史进程，它无法解释20世纪末期在世界范围内出现的多元化的经济文化一体化过程。这样区分当然有一定的道理，但是，我们绝对不能忘记，在未来的一段相当长的时间里，世界性的不平等关系仍然会延续下去。

文明冲突论者认为，到21世纪，世界权力的不平等关系，将演变为古老的非西方文明——如中国、日本、印度以及非洲、中东等地的文明——对欧洲中心的西方文明的挑战。这种论调，基本上是围绕着西方中心论的国际关系政治需要提出的，它在一些方面不能不说有自己的特点和说明意义。从一定意义上说，它反映了实际问题：随着中国的发展，东方力量将成为国际政治的一个重要角色，使世界政治出现"多极化"的状态。然而，世界的多极化，本来就是对于"两极化""单极化"的"冷战世界"的回应，也是一个历史的必然过程，绝对不应被看作是"文明冲突"的根源。在我看来，它应当被看作是一种基于民族发展和文化传承的需要而发展起来的"文化自觉"的表现。

六

要探索全球化和文明冲突之间的复杂关系，人文社会科学家需要携手努力，而我在这里想要强调的无非是这样一个在21世纪的中国和世界中人类将持续面对的问题，值得人类学研究者来研究。可以值得人类学界同人欣慰的是，在20世纪的人类学学科发展过程中，能与21世纪的这些新问题相互启发的类似辩论，早已以相对不成熟的方式成为学者们的共同论题了。

从原来面貌看，人类学指的是"先进的西方人"研究"落后的非西方人"。30年代后期，我以英文提交了研究中国农民生活的论文，马林诺斯基老师曾高兴地说，这开启了"土著研究土著"的新风气。在几次的讲话中，我表达了自己与马老师的期待之间的距离，同时认为马老师的期待，应当在新的时代里得到进一步的延伸。我了解到，这些年来，在非洲、中南美洲和印度，本土人类学者开始集中思考西方人类学将非西方看待成"对象"（objects）的做法，认为这种戴着"科学面具"的做法，其实犯了一个严重的错误，即未能承认非西方民族也是由能够思考和选择的"主体"（subjects）结合起来的。这些人类学家还认为，为了去掉西方人类学的这种"对象化"，非西方人类学应当探索出一套作为"主体"

的人类学理论与方法,使之有别于"对象化的人类学"。

非西方人民自己的人类学,在与西方人类学形成的关系中,免不了有紧张的一面。例如:有些非洲和中南美洲的人类学家,将自己定位为"南方人类学家"(anthropologists of the south),意在与地理位置居于北方的欧洲和北美洲相对立。这种态度有它在民族自觉方面的理由,也与文明冲突论者描述下的那种文明间的"紧张情绪"有一定关系。但是,我们却不能否认,非西方人类学家所做的这些努力,有益于人类学学科本身的多元化,有助于学科本身内容和见解的丰富。

然而,非西方人类学绝对不应排斥几代人类学对人文世界的复杂性、对非西方文化的特征和现代遭遇做出的探讨。在我看来,像马林诺斯基老师那样的伟大人类学家,给我们留下了对不同民族的不同文化的尊重和对这些民族和文化的历史走向的思考,是人类共有的不可多得的思想遗产,是一笔值得珍惜的财富。在最近几次有关文化问题的发言中,我用"和而不同"这四个字来概括我国文化研究过程中人文价值的基本态度,也用这四个字来展望人文世界在21世纪的可能面貌。这四个字不是我个人的发明,而是我国文化的遗产,隐藏着我个人对于百年来人类学在认识世界方面的诸多努力的一个总结,也隐藏着我对人文世界历史和未来走向的基本盼望。倘若我对未来人类学研究有什么期待的话,那么,这四个字或许还能够比较贴切地表明我老来的看法。这也就是说,人类学研究既要体现人文世界的实际面貌,同时又必须为人类群体之间相互依存提出一套值得追求的方向,而这种相互理解和依存,基础在于对于"非我族类"的其他人文类型的尊重。

我提出"和而不同",针对的首先是人类学者在跨文化对话中本应扮演的角色,也包含我几年前在北京大学的演讲中提出的"文化自觉"这一面。说得具体一点,我觉得中国人类学学科的建设十分重要,这是因为这门学科承担着为人类了解自身的文化、认识世界其他民族的文化及为探索不同文化之间的相处之道提供知识和见解的使命。对于中国人类学者来说,这一使命感,也一样重要。人类学者可以很轻易地告诉人们,我们关注的正是人文世界的面貌及在其中的人们"和而不同"地相处的逻辑。但是,要真正实现这一认识、理解和相处的目标,并不是那么容易的事情。

就我所知,国内人类学界针对中国城乡社区展开的实地研究,已经有相当重要的积累,为我们提供了社会及文化变迁研究的重要依据。与此同时,在少数民族地区——尤其是那些面临工业化和信息化挑战的小型族群中——展开的调查,更发现了令人触目惊心、令人深思的现象和资料。对于中国文化展开的历史和理论探讨,还提出了一些有助于促成"和而不同"的世界格局的例证。这些都是我们应当充分肯定的成绩。但是,我们有多少真正能够揭示我国人文世界的本来面目的研究成果呢?此外,由于国际和国内的复杂原因,中国的人类学研究者至今为止还很少运用人类学的方法研究中国境外各民族和文化。如果这有情可原,就境内社区、文化和少数民族地区的研究来说，我们又有多少成果达到人文世界的"和而不同"的那一使命呢？之所以有这么些问题，原因必定是很多、很复杂的，也不是我们一时能轻易理清的。

几年前，我曾经回顾中国社会学20年来的发展历程，提出了"补课"的说法，我的意思很简单：我们的社会学是在匆忙之中"速成"的，这给我们的学科带来了基础没有打好的问题。要解决这个问题，我提出，我们需要从头开始，从学科的基本建设开始，来为学科的研究能力恢复"元气"。倘若能容我在这里对人类学学科建设说点什么，那么，我愿意重复我对社会学同人们说的那席话。在21世纪，随着文化交往的复杂化，随着全球化和文化差异的双重发展，研究文化的人类学学科必然会引起人们的广泛关注。在众目睽睽的情景下，人类学学者能为人类、为世界做点什么？——这成了我们必须细致思考的问题。而这当中有一点是明确的：假如我们的学科要对21世纪的进程有所帮助、有所启发，那它就需要有一个坚固的学科基础。在我们中国的人类学学科里，这样的基础显然还需要我们去打造，而我们同时却又需要为建造"和而不同"的世界做贡献。学科发展时间与历史发展时间的"脱轨"，必然会使我们觉得措手不及。但是，这也许就是新的世纪对我们和我们的学科的新挑战。

2001年7月

进入 21 世纪时的回顾和前瞻[1]

一

我很高兴能在有生之年来到这里参加这样一个盛会。我想这可能是最后一次来参加"现代化与中国文化研讨会"了。

在我这个即将谢幕的老人身上,像这样的"最后一次"的感觉,也许是偶然的,但事情本身所具有的文化意味还是对我有所触动。我又一次感受到了个人生命的短暂和文化传承的久远,同时也感受到,这个系列性的"现代化与中国文化研讨会",是使我们的短暂生命融汇于久远文化的一种有效方式。在我晚年所做文化反思的过程中,这个研讨会给了我很大的鼓舞,给了我多方面的启发,使我常有"吾道不孤"之感。让我在这里对在座各位新老朋友表示我由衷的谢意!也请允许我对前六次会议的情况做一点回顾,使我这篇告别式的讲词有一个自认为合适的开场白。

---

[1] 本文是作者在第七届"现代化与中国文化研讨会"(2001)上的讲话。——编者

认真追溯这个研讨会的渊源，应该是在上个世纪的70年代末。当时，大陆上持续10年之久的"文革"刚刚结束，正要进入一个新的时期，可以说是百废待兴。"百废"当中，自有学术。关注中国发展的海外学者当然注意到了这一点。国家兴亡，匹夫有责。人类学、社会学界的朋友如金耀基先生、乔健先生、李沛良先生，还有从台湾到香港讲学的杨国枢先生，他们出于对中国学术发展的爱护，讨论到了中国社会科学界在理论和方法上过分依赖西方的现象，并提出了"社会科学研究中国化"的长期讨论主题。

这是一个使我感到非常熟悉和亲切的题目。70年前，我就是在吴文藻先生提出的"社会学中国化"这一主张下进入人类学、社会学研究领域的。那是我第一次学术生命的开端。经过一段历史的曲折，当我的第二次学术生命正在开始的时候，我又听到了熟悉的声音。我感到自己又一次被召唤。

我注意到，金、乔、李、杨几位先生提出的讨论主题首先在台湾得到响应。1980年底，台湾举行了"社会及行为科学研究的中国化研讨会"。我通过对会议进行报道的大陆媒体了解到了该会的一些情况，认为它对中国学术发展具有建设性，表示希望今后能扩大举行。经过一番努力，重新确定名称的"现代化与中国文化研讨会"第一次会议于1983年春在香港中文大学举行。两岸三地的社会科学工作者在隔绝了很久之后会聚一堂，讨论大家共同关心的学术和文化问题，我也有幸与会并参加了讨论。我想，那是一个良好的开端。我必须说，那是让我难忘的经历。

转眼之间，18年匆匆过去。在各位同人的共同努力下，我们把那个良好的开端延续到了今天。当年参加研讨会的陈岱孙先生、梁漱溟先生、梁剑韬先生等老朋友都已经过世了。我自己日渐衰老，进入老而未死的这段时间。我要求自己做一点文化反思。我愿意相信，先我们而去的陈岱孙先生、梁漱溟先生、梁剑韬先生以及他们所代表的老一辈学者，是带着对人文世界的思考告别这个世界的，是带着希望后人把人文世界改造得更加美好的心情告别我们的。由于科学分工的原因，我们所在的学术领域可能不同，研究的具体题目也不一样，但可以相信，我们是"百虑而一致，殊途而同归"。我们关注的大题目是一致的，总题目是同一个，也就是我们坚持了多年的这个研讨会所标示的主题：现代化与中国文化。我们都希望中国文化在全球现代化潮流中取得发展的主动权，实现新的复兴。

18年来，在这个总题目下，我们先后确定了7个主题进行研讨，展开交流。这7个主题分别是：中国传统文化对现代化的影响，中国家庭及其变迁，宗教与伦理，中国人观念与行为探讨，社会科学的应用与中国现代化，面向21世纪的中国社会学、人类学，科技发展与人文重建。我想，这些题目既表达了我们大家对国家发展现实与前途的关心，同时也可以作为一个标尺，来衡量我们对国际背景、国家现实的认识和思考的深度，来检测我们提出的思考成果可以在什么样的程度上应用于国家的经济建设、社会发展和文化复兴的实际进程当中。通过前六届会议，我们已经提出了相当丰富的思考成果。这次会议之后，我们的成果会更加丰富。我衷心地为这些成果的出现和积累而高兴，并且把这些成果理解为我们大家在科技快速发展的时代致力于人文重建的初步努力。

就我个人而言，当上述7个题目被并列在一起的时候，我发现，在我从上个世纪30年代开始到今天的学术工作中，所面对、所思考并为之奔波的，始终都是可以归入这些问题的题目。事实上，我写下的许多文字，都可以用"现代化与中国文化"这个题目的内涵加以表述。这样说，应该不算过分。因此，在今天这样一个场合，在"科技发展人文重建"这样一个题目下，我愿意不揣冒昧地把自己一生中的全部学术工作理解为一个大陆学者在科技快速发展的时代为人文重建而尽的一份心力。

二

我这一生，基本上经历了20世纪中国社会发生深刻变化的各个时期。这段历史里，先后出现了三种社会形态。一是农业社会；二是工业社会；三是信息社会。从现实看，这三种社会形态的关系不是你来我走，而是同时重叠并存，三位一体。这个三位一体社会形态的形成过程，包含着两个大的跳跃。先是从农业社会跳跃到工业社会，又从工业社会跳跃到信息社会。我用自己造的一个词汇概括这三个阶段和两大变化，叫作"三级两跳"。

第一跳，是中国从传统性质的乡土社会开始进入一个引进西方机器生产的工业化时期。这是我开始从事学术工作最主要的一个时期。在这个时期里，我的工作主要是了解中国传统的基层社会情况，在此基础上了解中国如何进入工业革命。具体工作是从对少数民族的研究开始，在瑶山里真正接触到了基层的情况。当时那是一个一点现代工业都没有的社会。我把调查到的情况记录在了《花蓝瑶社会组织》一书里边。后来，从瑶山到江村，接触到了一个已经引进现代机器，初步的工业生产已经开始引起社会组织发生变化的个案。我根据在这个村庄里所做的调查写成了《江村经济》一书。再往后，到编写《云南三村》的时候，我从个案分析进入到了类型比较阶段，对现代工业进入中国农村的条件和过程有了更多的认识。解放后，我在这个方面的工作一度中断。改革开放后又继续进行，在《行行重行行》中接着记录中国农村引进工业、发展乡镇企业的进程，直到农村工业产值占到了中国工业总产值的半壁江山。

第二跳，是中国从工业社会向信息社会发展的一步。这一步开始于我生命过程中的最后一段时间。在离开这个世界之前，我碰到了又一个大的社会变化。我这样一个生在传统社会里的人，事实上一直在经历着中国从农业社会走向现代化社会的过程。作为一个见证人，我能比较清楚地看到，引进西方机器所带来的工业化过程还在继续着的时候，中国社会已经又进入到了一个新的阶段,即信息时代。以电子产品为媒体来传递和沟通信息,组织工业生产和商贸流通,甚至组织社会生活,由此带来对传统人文世界的猛烈冲击——这是全世界都在开始的一场大变化。虽然我们一时还看不清楚这个变化的过程,但我们可以从周围事物发展的大量事实中确认,因为科学技术的发展变化太快,我们显然在面临着层出不穷的新事物、新问题。我们的第一跳还在进行当中,不少地方还没有完成,现在又要开始一个更大幅度的跳跃了,而且整个世界的发展不容许我们有任何的犹豫和迟缓。人家是准备好了开始起跳,我们虽然准备不足,也不能不开始起跳了。

这样的现实,也使我面临新的问题。70年前开始的题目尚未完成,了解中国如何进入工业革命的任务还在继续,又要开始一个新的题目,即了解中国如何进入信息时代,思考我们如何在这样一个时代站稳脚跟,继续发展。接二连三地碰到社会形态的大变化,接二连三地接到时代给予的题目,对一个人类学、社会学工作者来说,我当然会感到十分庆幸。但因为这种变化幅度太大,速度太快,我的力量又太有限,尤其是"第二跳"引起的大变化又发生在我年老力衰的时候,要及时跟上去,更有点力不从心之感。我在进行自我"补课"的同时,非常迫切地需要从同行学者那里吸取思想上的营养,需要大家帮助我尽量缩小我的认识和世界现实的差距。我是带着这样的心情来参加这次研讨会的。因此,我在"科技发展与人文重建"这个主题下陈述我的意见的时候,并不意味着我以为自己对这个问题有什么了不起的见解,而是要在在座各位面前坦诚地讲出自己的所思所想,以便各位更加真切地了解我思想上的不足和认识上的局限,从而惠我以真知灼见。同时,为了比较清楚地说明乃至反思我对于今天所讨论主题的思考过程,也许有必要对我过去曾经试图接近这个主题时的情况稍做回忆,亦请各位见谅。

三

回想起来,科技发展所带来的人文世界里可能出现的问题,我最迟是在20世纪40年代已经注意到了。我曾经在当时写下的文章里讨论到比较具体的问题,表达出了自己的想法。在《幸福单车的脱节》(1945)一文里,我写下的第一句话就是"科学并不一定带来了幸福",这个看法的根据,是我当时在美国做实地访问时接触到的大量事实。在《机器和疲乏》(1945)一文里,我的想法略做展开,写了这样一段文字——

> 科学的发明推进了技术:第一是新动力的利用,第二是把每个劳工的动作化繁为简,第三是加强了各劳工间动作的组合。以往,不论在农业或工业里,体力是生产活动的主要动力。身体是生产的惟一的基本机器。手脚之间,手指之间,耳目手之间,成为一个

有机的配合。两只手,创造了人类的文化。……技术的发明,大大地增加了人类的生产力。可是从生产活动本身说,有机配合,靠人的神经系统的配合,一变而为机械配合,靠力学原理的配合了。这样把人在生产过程中的地位完全改变了。以往人总是主……技术变质后,主要的配合离开了人,人成了整个配合中的一部分,甚至是从属部分了。……参加活动的劳工却是在简单的从属动作中去服侍机器。各个人的动作因为机器的总配合中也得到了配合。配合的中枢不是人而是机器。人可以变成机器的一部分。

这是我在初访美国时,从事实中获得的一个观感。虽然在当时随笔式的文字中来不及做比较深入的分析,但是已经可以清楚地意识到,科技发展带来的大工业生产,已经开始改变了人与人的关系,人与物的关系,人与自然的关系。这种能够改变世界基本关系的力量,随着科技的进一步发展,也许会渗透到整个人文世界。

从愿望上讲,科技发展本身的建设性作用,应该包括促进完成个人在社会里的参与。所谓个人在社会里的参与,就是充分地承认每个人之间的相依性和互相的责任,把个人动作的配合体系贯通于集体活动的配合体系当中。这样说来,科技发展所带来的人和人的相互性也就是丰富人性内容的力量。可是,如果我们把生产活动分割在其他生活部分之外,单就这一部分的活动去组合一个趋向于全球性的分工合作体系，同时又在别的部分上鼓励着个人化的发展，在这种情况下，科学的发展，技术的日新月异，反而会使其负面作用凸现出来，造成一种并不适合人性发展的社会情态。

这些当时写在随笔文字当中的想法，时隔半个多世纪，现在再看，不能说是无谓的担忧。这半个多世纪，科技发展的速度和花样达到了令人吃惊的地步，人文世界也随之发生着巨大的变化。我小的时候，可以直接接触的自然物还是很多的。现在可以直接接触的自然物却越来越少了，很多已经经过了人文的改造。过去纯粹作为自然之物的动物，如牛、羊之类，现在居然可以借助科技手段进行复制了。电脑和网络的发展，更是在我所熟悉的人文世界里增加了一个让我感到陌生的虚拟世界。这个虚拟世界的出现，使大批社会成员尤其是青年群体的交往方式、交际手段、交流语言都在发生着一点也不虚拟的深刻变化，影响着当代人的生产方式、生活方式、价值观念、意识形态等各个方面。

在上个世纪最后一段时间里，我曾经从科学技术快速发展带给中国经济、社会、文化的变化，预感到21世纪将给人类的生存和发展带来全新面貌。为此我曾写过文章，呼吁"从小培养21世纪的人"。我谈到，20世纪是个世界性的"战国时代"，大意是20世纪里的国与国、地区与地区、文化与文化之间，都有着明确的界限。这个界限是社会构成的关键。不同的区域、文化、政治实体依靠这种界限来维持内部秩序，并形成它们之间的关系。这是我们共同经历过的历史事实。而在当今科技以加速状态发展的情况下，将来是怎样的,我们谁也不清楚,谁也不敢说。我们对新时代、新条件尚不清楚,自然不能预言。但有一句话可以说,就是需要适应已被改造过的和正在改造着的自然,变化了就要去适应。适应的第一步,就是认识现实,理解现实。历史不能退回去,科技发展也不会停下来。不能拉住科技发展轮子,等另一只轮子,能做的就是在落后的一面多用点力量,在人文世界的健全、均衡、和谐方面多做点努力。

四

科技快速发展时代的人文重建,范围很广,题目很多。我比较关心的,是科技发展所带动的经济全球化现在碰到的文化多元化问题,是我们这些从事社会学、人类学的人如何为经济全球化和文化多元化的调适做出切实的努力。

在我们共同经历的最近半个世纪里,科技的发展对促成不同人文类型之间的交流与融合确实提供了技术上的方便。有不少学者用"全球化"这个概念来描述这种人类不同群体和文化之间发生的交流与融合现象,来概括世界性的交互影响正在给人类生活带来的深刻变化。我想,在我们找到更恰当的词汇来描述这一变化之前,"全球化"这个词仍然是有意义的。不过,至少在目前,我们所说的"全球化",实际上更多是就人类的经济和科技活动而言,若是天真地认为"全球化"正在造就一个文化一体的世界,那就离开实际情况有太大的距离了。

以我亲身经历的许多具体事情可以证明,由于人类不同群体在文化上的差异,同样一件事情、一句话,会在不同文化环境中引起不同的反应,甚至会出现倾向相反的反应。相信大家也都有过类似的观察和体验。我在50多年前写《初访美国》一书的后记时曾说,各种文化里长大的人不容易相互了解,这是当前世界的一个严重问题。以往,世界上各地的人民各自孤立地在个别的处境里发展他们的生活方式,交通不便,往来不易,各不相关。现在却因交通工具的发达,四海一体,门户洞开,没有人能再闭关自守,经营孤立的生活了。在经济上,我们已经进入了一个全世界分工合作的体系,利害相联,休戚相关,一个世界性的大社会已经形成,但是各地的人民却还有着他们从个别历史中积累成的文化。这些不同的文化,向属于不同文化的人民提供着不同的价值观念、意识形态、政治信仰、社会理想。所以,一方面是迅速扩展着的互联网大幅度缩短着文化群体之间的距离,是经济上的牵一发而动全身,是跨国公司在体制和市场方面对民族国家为核心的各种制度的明显冲击,另一方面,则是政治上的各行其是,文化上的各美其美。文化之间的频繁交流,不等于文化差异的消失。

让我在这里把话题回到"三级两跳"。"三级两跳"中出现的最大问题,就是经济全球化已经开始碰到了文化多元化的大问题。文化是什么?就是共同生活的人群在长期的历史当中逐渐形成并高度认同的民族经验,包括政治、文化、意识形态、价值观念、伦理准则、社会理想、生活习惯、各种制度等等。这是在千百年的历史中形成的民族经验，具有相当强的稳定性。拿现在的中国来说，我们固然在科技、经济等方面与世界其他地区的交往更加频繁，共通之处越来越多，但我们的老祖宗经过几千年积累下来的文化遗产却不会随着这种"全球化"的发展而全部消失。实际情况恐怕正相反。

我们的文化传统正逐渐引起众多有识之士的注意，引起政府和人民的重视，引起不同文化的兴趣。我们说大陆人民和台湾同胞"血浓于水"，所谓之"血"，指的主要就是我们共同拥有的文化传统之血脉。相信随着世界性科学技术和政治经济交往的不断加强、日益加深，中华民族的儿女会更多地感受到对我们自己民族、我们自己文化的肯定和认同。与此同时，中国文化也正在为世界其他地方的人民所承认、所了解、所喜闻乐见。一些深切了解西方现代文明之缺陷的西方学者，更是呼吁要与中国展开跨文化的对话，试图从我们老祖宗留下的文化遗产中寻找解决西方现代文明内在矛盾的方案。我愿意把西方学者的这种努力也理解为目的是在科技快速发展的情况下寻找人文世界的重建。

五

科技快速发展时代的人文重建工作，需要全世界的人文和社会科学家携手努力。我们在"现代化与中国文化"这个主题下讨论人文重建问题,意味着我们应该意识到,面对一个在新的世界中全人类将持续面对的大问题,我们这些属于世界上人口最多的国度的社会学、人类学工作者,应该有一份特殊的使命感和责任感,应该争取在这个问题上对人类做出较大的贡献。我们的老祖宗曾经提出过"和而不同"的社会理想,我们应该让这个古老的理想在新的时代发挥出新的建设性作用。

对于"和而不同"的世界文化交流模式的探讨,各国的社会学、人类学家尽可以见仁见智,提出不同的研究方法。我个人之所以关注这个问题,提出这个问题,是因为我相信,在人类历史上,文化的发展从来没有采用过单一的模式。即使现在,也同样随着文化的不同而有所区分。

70年以来,我用社会科学的方法,包括20世纪以来的实证主义方法,对农业文明、工业文明进程中的文化变迁进行了力所能及的调查和思考,得出的看法并非单线进化论。单线进化论的观点认为,人类历史的发展、人文世界的变化有一个单一的、直线上升的、台阶式的阶段性。这一点恐怕不能完全排斥,但我们同时应该注意到,在文明进程中,不同的文化走过了不同的道路,文化发展并非都是单线式的。好的东西不断地积累在共同的文化中,不适宜的被淘汰了。文明进程是一个能去旧创新、有选择、新陈代谢的过程。这种过程是必然的。其中很妙的现象在于,一时认为没有用的文化,沉默一个时候又会出现,发扬起来,还很解决问题。

因此,任何过于武断的结论,都不适宜于文化问题的讨论。

我想,在从农业文明到工业文明的发展过程中得到验证的这个道理,对于信息社会同样具有意义。"信息社会"到底会怎样,我们现在还不是很清楚,而只能模糊感到,这种以信息技术为中心的社会形态,正在给我们的生产、生活和文化带来前所未有的冲击。信息社会里,将出现取代体力劳动和机械劳动的新型劳动方式。表面上这种劳动方式似乎很简单,其背后潜在的力量却十分之大。进入这样一种社会形态之后,各种文化的自我价值认识必然会遇到很大的挑战,我们仍然不能简单地认为,这种发展会是单线进化的。信息技术能促进不同文化之间的交流,这是肯定的。但运用信息技术的还是人,而人是生活在不同的文化或价值观念体系中。这样的生活必然给人的创造带来深刻的影响。所以,"和而不同"的道理在将来的社会里还是有用的。

我希望,"和而不同"能够成为我们在科技快速发展时代进行人文重建的一个基本共识。从抱持这个理想,到实现这个目标,要走很长的路。50多年前,我在《文化的隔膜》一文里已经写过:

> 世界上各式各样文化里长成的人现在已开始急速地渗透往来,我们必须能相安相处,合作同工。可是我们在心理上却还没有养成求了解,讲容忍的精神,说不定我们因之还会发生种种烦恼,种种摩擦。在将来的历史家看来,也许会说我们在建立天下一家的世

界过程中曾付出了太大而且不必需的代价。

我是不希望付出太大代价的,而且我还抱有比较乐观的想法。相信经过历史的磨合,最后靠中华民族的经验和人类的经验,我们一定会建立起一种新的人文精神。

当然,我们现在的认识还远远不够,这跟历史有关。过去一段时间,在19世纪到20世纪里,我们否定自己的传统文化太多了。应该回过头来,重新认识一下,有一个文化自觉。在最近几次有关文化问题的讨论,我用"和而不同"来概括我国文化传统中人文价值的基本态度,也用"和而不同"来展望21世纪的人文世界可能出现的面貌。这不是我的发明,这是中国传统文化的遗产。我反复申说这四个字,包含着我个人对百年来社会学、人类学在认识世界方面诸多努力的一个总结,也隐含着我对人文重建工作基本精神的主张,更饱含着我对人文世界未来趋向的基本盼望和梦想。也就是说,我们所做的学术研究既要体现于人文世界的实际面貌,同时又必须为人类群体之间的相互依存提出值得追求的方向。

在这方面,我们是有榜样可以学习的。我的老师潘光旦先生继承包括"和而不同"在内的优秀传统文化思想,主张"中和位育",给我留下了深刻的教益。他所代表的老一辈学者为我们开了一个头,提出了看法,指出了方向。我希望多少能把它接下来,传下去。但真正地做,要靠下一代了。任重道远,可以大有作为。我觉得自己已经到了"轻舟已过万重山"的时候,但我又说过,中国现代化这条大船却很沉重。我寄希望于下一代开船的人,掌舵的人,相信下一代能解决问题。因为我们中国的历史长,人又多,久经考验,应该能在21世纪找出一条路子来,而这条路也是21世纪人类的路子。

在就要结束这篇讲词的时候,我想特别强调一下争取文化选择的自决权问题。在人文重建的整个过程中,我们可以接受外国的方法甚至经验,但所走的路要由自己决定。文化自觉、文化适应的主体和动力都在自己。自觉是为了自主,取得一个文化自主权,能确定自己的文化方向。相应地,在我们这些以文化自觉、文化建设为职志的社会学、人类学工作者来说,也要主动确定自己的学科发展方向。我在第二次学术生命开始的时候,曾经在《迈向人民的人类学》中提出了自己的宣言,提出了人民社会学、人类学的道路。所谓应用社会学、人类学是指结合实际的,为人民寻找道路的社会学、人类学,任务是很明确的。我认为,这门学科承担着为人类了解自身的文化、认识世界其他民族的文化以及为探索不同文化之间的相处之道提供知识和见解的使命。当然,社会学、人类学者可以很轻易地告诉人们,我们关注的是人文世界的面貌及在其中的人们"和而不同"地相处的逻辑。但是要真正实现这一认识、理解和相处的目标,远不是那么容易的事情。人文重建的艰巨任务,还需要我们一代一代地脚踏实地,胸怀全局,全力以赴,前仆后继。

最后,让我用"和而不同会有日"这句话来表达我一向的信念——在我意识到自己很可能是最后一次来参加这个系列讲座的时候,再次表达出这一信念应该是适宜的;同时,我再借用一句"家祭毋忘告乃翁"来表达我在此时此地的心情——在我这次来参加文化交流活动的时候,想到将来两岸统一时的"家祭",我想也是适宜的。我们在文化上毕竟是同宗同祖、同根同源一家人。

2001 年 10 月

文化论中人与自然关系的再认识[1]

今天我是特地来庆祝南京大学创立100周年纪念的。我出生在江苏省吴江市，江苏是我的祖籍，也是传统的所谓故乡。南京大学是我故乡的最高学府，我现在已经92岁了，在这垂暮之年还能亲自来参加这次盛会，我觉得十分荣幸。

100年前创立这个高等学府，在历史上是一件值得重视的事，因为这正好标志着中国教育制度改革在这地区的初步成功，为中国的现代化起了破冰作用。这是十分重要而值得纪念的。我说的这次中国教育制度改革是指科举制度的废止和学校这个新制度的获得建立。我就是这个新学校制度下培养出来的人。我记得很清楚，我的父母为这场改革所做的努力，我父亲就是在家乡参与了这场改革。他是最后一科的秀才，由于科举制度的废除，他接受了地方政府的资助留学日本，回国后在本乡开办了个县级中学。我母亲是本乡幼儿园的创办人，当时称蒙养院。这些在当时都被称为"洋学堂"，是新生事物。这是我上一代的功绩，他们为中国的现代化打

---

[1] 本文是作者在庆祝南京大学成立100周年举行的"世界著名科学家论坛"上提交的论文。——编者

下了基础。

我受到的教育就是从当时的新制度里开始的,我经常向人自骄地称自己是完整地从新制度里培养出来的人。这个新的学校制度是针对旧的科举制度下的私塾制度而兴起的,而且基本上一直传到现在,富有它的生命力。我在新制度下所受的教育是从西方国家经过日本传入的,它使我这一代人从童年起就能接受学校教育,参加同代人的集体生活,这和私塾是不同的,而且受的教育在方法和内容上都有别于传统的私塾教育。我们不再被强迫背书,而且不再用旧的经典著作如《论语》《孟子》等作为启蒙的必修教本。我记得在初小时第一本国文教科书是由商务印书馆发行的,第一课是"人、手、足、刀、尺"。现在活着的人中用这个课本开始学习语文的大概已为数不多了,但这件历史上的小事却影响了我国文化的发展进程。今天利用在南京大学百周年纪念的机会,我提到这件小事是值得深思的。

一

中国的文化需要改革和发展是人类发展规律所决定的,而且在100年前已酝酿了相当长的时期,从清代的戊戌政变起始,维新的运动已经在中国历史上冒了头。维新运动是由当时一些知识分子想以日本为榜样,引进西方文化,起初还是"犹抱琵琶半遮面"地提出"中学为体、西学为用",向西方文化开门引进。但这扇门一开，西方文化就势如破竹地冲破了东方文化所设置的重重阻碍，到了民国初年发生的"五四"运动，就有人明目张胆地提出"全盘西化"的主张了。中国文化经过几千年闭关自守，到这时再也守不住了。接受西方文化的浪潮，拜德、赛两先生为师，是"五四"以后中国文化变动在历史上的主要方向，也是不容我们否定的历史事实。当前提出的"现代化"基本上是这个历史潮流的继续。即便是使中国人民能摆脱国际上二等成员地位的人民革命运动，也还是以西方文化中倡立的政治思想马克思主义所领导的。向西方文化学习，取得了历史上辉煌的成就。

当然在向西方文化学习的大势下，也时时出现折中派和反对派，折中派是对西方文明要求有选择的引进，反对派则认为西方文明已走到了尽头，今后应是东方文明领先。"今日河西，明日河东"的轮转循环，一正一反原是思想舞台上的常规，但时至今日在世界一体化的潮流中，我们的确要认真考虑一下我们东方文化的前途了。

对我自己来说，从 20 世纪 30 年代投身到学术领域里，进入社会人类学这门学科，文化的动向本来应当是研究的一个主题，具体地说，不能不关心自己传统文化的前途。但这个问题却是个深奥难测的谜团，以我个人受到的教育而言，具有着重引进西方文化的家学传统，已如上述。30 年代开始我就立志追随老师吴文藻先生，以引进人类学方法来创建中国的社会学为职志，详言之，即用西方学术中功能学派人类学的实地调查方法来建立符合中国发展需要的社会学，这个目标显然是从西方的近代人类学里学来的，它的方法论是实证主义的，实证主义实际上是西方文化的特点在学术上的表现。科学理论必须是以看得见、摸得着的客观存在的事物为基础的。

这个学派的特点反映了西方文化中对生物性个人的重视，所谓文化的概念，说到底是"人为，为人"四个字。"人为"是说文化是人所创制的，即所谓人文世界，它是为人服务的设施。这确是反映了当前我们生活在其中的世界。我们衣食住行的整个生活体系，都依靠人力改造过的自然世界而得来的人文世界。这一点事实是大家能明白和切身体会得到的。我们现代的生活，甚至和自然世界接触的人体感觉器官都是经人为的媒介改造过的。肉眼上要罩上眼镜，进一步还要用望远镜和显微镜一类的器械，单凭肉眼已经不易与自然界亲密地全面接触了，听觉上也是如此，我们依靠助听器、电话等设备来听取我们所接触到的和辨别到的远距离传来的声波。这种生活的现实，使我们习惯于把自然看成是我们生活的资源。一方面是生活越来越复杂和广阔，一方面我们把自然作为为我们所利用的客体，于是把文化看成了"为人"而设置了，"征服自然"也就被视为人生奋斗的目标。这样我们便把个人和自然对立起来了，"物尽其用"是西方文化的关键词。

我们的生活日益现代化，这种基本上物我对立的意识也越来越浓。在这种倾向下，我们的人文世界被理解为人改造自然世界的成就，这样不但把人文世界和自然世界对立起来,而且把生物的人也和自然界对立起来了。这里的"人"又被现代西方文化解释为"个人",因之迄今为止个人主义还是西方文化的铁打基石。西方文化里的个人主义加上人通过自己创出的文化,取得日益进步的现代生活内容,于是在西方的文化里不仅把人和自然对立了起来,也把文化和自然对立了起来。这也许是西方文化当前发展的一个很显著的特点。西方的学术领域里也明显地表明了这个特点。首先是以认识自然为职志的学术领域里被自然科学占据了主要地位,把研究同样应当属于自然界的社会和文化的社会科学和人文学科都压缩在次要的地位。

二

总而言之,在西方文化里存在着一种偏向,就是把人和自然对立了起来。强调文化是人为和为人的性质,人成了主体,自然成了这主体支配的客体,夸大了人的作用,以至有一种倾向把文化看成是人利用自然来达到自身目的的成就。这种文化价值观把征服自然、人定胜天视作人的奋斗目标。把推进文化发展的动力放在对人生活的功利上,文化是人用来达到人生活目的的器具,器具是为人所用的,它的存在决定于是否是有利于人的,这是现代西方的文化价值观念。

当然在西方现代思想中占重要地位的达尔文进化论肯定人类是自然世界的一部分,是从较低级的动物的基础上发展出来的一种动物。但这种基本科学知识却被人与人之间的利己主义所压制了，在进化论中强调了物竞天择的一方面，也就强调了文化是利用自然的手段。由此而出现的功利主义更把人和自然对立了起来，征服自然和利用自然成了科学的目的。因此对自然的物质方面的研究几乎掩盖了西方的科学领地。甚至后起的对人的研究也着重于体质方面，研究人的心理的科学也着重在研究人体中神经系统的活动，即所谓行为科学。可见西方科学发展史上深深地受到其文化价值观的制约。

我最近为了补课，重又复习了上世纪初期的西方社会学的历史。我从派克老师早年的著作中，体会到他对当时欧美社会学忽视人们的精神部分深为忧虑。科学原本应当以客观存在的自然世界为研究对象，但是在经验主义的影响下，只承认看得到、听得到的现象为研究范围，而人的生活中却有很重要的内心活动是别人看不到、听不到的。因而社会学被困住以至不容易建立"科学的社会学"。

我这样说，是指西方科学界整体而言的，其中也有许多对此不满意的学者，而且我所师从的几位老师都是属于这一类。比如我在清华大学所师从的史禄国教授，他苦心孤诣地研究人类精神方面的文化。他在西方传统词汇里找不到适当的名词来表达他的意思，结果提出了一个一般人不易理解的 Psycho-mental 这个新名词，并且用此作为他最后的巨著的书名，即 *Psycho-mental Complex of Tungus*。我从他创造这个新名词，可以猜测出在他这一代人中，人的研究工作一般还是不愿意把精神实质的文化作为科学研究的对象。再说一段我个人的经历，史禄国老师在我踏进人类学这门学科时，为我预定了三个学习阶段：第一是学体质人类学，第二是学语言学，第三才是学当时所通行的文化人类学。我当时并没有从他为我规定的学习顺序中，体会到这三步正是指出了对人的研究的三个层次；从人的生物基础出发，进一步研究人和人相互传递共识以获得共同活动的语言。用我现在的体会来说，正相当于派克老师所说的科学的社会学；然后进入到现有世界上多种文化的比较研究。以上所说的是我老来的私人体会，我把这个体会放在这里来讲，是要说忽视精神方面的文化是一个至今还没有完全改变的对文化认识上的失误。这个失误正暴露了西方文化中人和自然相对立的基本思想的文化背景。这是"天人对立"世界观的基础。

在这里还应当指出，上面所说"天人对立"的世界观中的"人"还应当加以说明，这里的"人"实在是指西方文化中所强调的利己主义中的"己"，这个"己"不等于生物人，更不等于社会人，是一个一切为它服务的"个人"。在我的理解中，这个"己"正是西方文化的核心概念。要看清楚东西方文化的区别，也许理解这个核心是很重要的，东方的传统文化里"己"是应当"克"的，即应当压抑的对象，克己才能复礼，复礼是取得进入社会、成为一个社会人的必要条件。扬己和克己也许正是东西方文化差别的一个关键。

三

我在前文提到，我过去常用"人为，为人"四个字来说明文化的本质是不够全面和确切的。因之对这四个字中的"人"还应当多说几句。我一直接受西方现代文化中所认定的，人是从较低级动物演化来的观点，我的一位老师潘光旦先生已经把达尔文的名著《人的由来》翻译成了中文，我接受这书中所做出的科学结论。但是要补充说明的是，这个高等动物不但从原始生物的基础上，经过很长的时间才在演化的历程中获得了其他生物类别所没有的特质。这些特质固然也是从较低级的生物中逐渐演化得来的，但凭着这些特质的继续发展演化，取得了其他物种达不到的能力。其中之一就是由于人的神经系统的发展，除了能够接受外界的刺激，以获得意识上的印象之外，还能通过印象的继续保留而成为记忆，而且还能把前后获得的印象串联成认识外界事物的概念。不仅如此，还发展成为有一定内容即意义的音像符号（symbols），于是产生了语言和文字，凭着这些有一定意义内涵的语文，即这些具有社会共识的符号，由一个人传达给另一个人。人与人之间的心灵因之得以相通。这是这一个个人和其他人取得结合的关键，并导致他们可以发生分工和合作，完成共同的目的，达到共同的理想。这就是派克老师所指的社会实体形成的过程。我们可以用生物人和社会人等名词来区别由生物进化完成的生物人和由生物人的集合成群体而成为的社会人。一丝不挂的独自为生的生物人，在这个世界上是不存在的。而西方文化中把它偏偏作为功利主义中的"己",突出来和自然相对立。这个虚拟的"己",是事实上无法独立生存的生物人。

生物人和其他动物一样,它的生命实际上有一定的限期,即所谓有生必有死,生和死两端之间是他的生命期。由于生物人聚群而居,在群体中凭其共识,他们相互利用和模仿别人的生活手段以维持他们的生命。这时他们已从生物人变成了社会人。只有作为一个社会人,生物人的生命才得以绵延直至其死亡。每个生物人都在生命中逐步变成社会人而继续生活下去。我们一般说人的生命是指生物人而言的,一般所说的人的生活是指社会人而言的。生活维持生命的继续,从生到死是一个生物的必经的过程,但是生活却是从生物机体遗传下来的机能,通过向别人学习而得到的生活方式。一个人从哺乳到死亡的一切行动,都是从同一群体的别人那里学习得来的。所学会的那一套生活方式和所利用的器具都是在他学习之前就已经固定和存在的。这一切是由同群人所提供的。这一切统统包括在我所说的人文世界之内,它们是具体的文化内容。当一个生物人离开母体后,就开始在社会中依靠这前人创造的人文世界获得生活,也可说一离开母体即开始从生物人逐渐变成了社会人。现存的人文世界是人从生物人变成社会人的场合。这个人文世界应当说是和人之初并存的,而且是社会人共同的集体创作,社会人一点一滴地在生活中积累经验,而从互相学习中成为群体公有的生活依靠、公共的资产。人文世界拆开来看,每一个创新的成分都是社会任凭其个人天生的资质在与自然打交道中日积月累而形成的；这些创新的成分一旦为群体所接受，人文世界的内涵就不再属于任何个体了，这是我们应当注意的文化社会性。文化是人为的，但这里只指文化原件的初创阶段，它是依靠被群体中的人们所共同接受才能在群体中维持下去。一群社会人相互学习利用那些人文世界的设施，包括物质的和精神的，或说包括它的硬件和软件进行生活。因而群体中个别生物人的死亡并不跟着一定发生文化零部件的存亡，生物人逃不掉生死大关，但属于社会人的生活用具和行为方式，即文化的零部件却可以不跟着个别生物人的生死而存亡。文化的社会性利用社会继替的差序格局即生物人生命的参差不齐，使它可以超脱生物生死的定律，而有自己存亡兴废的历史规律。这是人文世界即文化的历史性。

请允许我不免有点重复地再对文化的社会性和历史性说几句。这里必须强调社会人靠群体而存在，群体是由生物人聚集而形成的，生物人聚成了群体，构成了社会，才产生社会人，从个别来看，生物人的生死也是社会人的生死，没有生物人，社会人也就没有了载体，但是从群体来看，生物人的生死是前后差序不齐的，这就是我在《生育制度》一书中所指出的社会继替的差序格局。这使得生物人所创造的文化（文化之内包括群体的社会组织和制度），都可以持续往下代传递，除非整个群体同时死亡，文化在群体中是可以持续传下去的。还应当说文化包括它物化的器材和设备，可以不因人亡而毁灭。过一段时间，即使群体已灭亡了，如果有些遗留下来的物化的文化还有被再认识的机会,它还是可以复活的。所以文化的自身里有它超越时间的历史性,文化生命可以离开作为它的载体的人(包括生物人和社会人)而持续和复兴。这是文化的历史特性。因此我们有"考古学"这门学科。

四

强调重新认识文化的社会性和历史性,可以帮助我们调整文化的价值观。我在上文中讲到了我认为西方文化里,从大多数民众来说,存在着严重的以利己个人主义为中心的文化价值观。这种文化价值观从已往的历史来看,200多年来曾为西方文化取得世界文化的领先地位的事业立过功。但是到了目前,我担心它已走上了转折点,就是由于形成了人和自然对立的基本观点,已经引起了自然的反抗,明显的事实是,当前人们已感到的环境受到的污染确是给人们的生活带来困难。大处和远处且不提,即以最近在我国北方出现恼人的沙尘暴,确是我活到90多岁后才切身经历到的最恶劣的天气。这可说只是自然在对我们征服自然的狂妄企图的一桩很小的反抗的例子。在自然界的反抗面前,人类已经有所觉悟而做出了保护环境的绿色革命。但是可悲的是,最近提出的关于世界性的保护环境的公约没有能得到国际上的一致支持。

"9·11"事件发生后全世界人们都惊觉了,在我看来这是对西方文化的又一个严重警告。我在电视机前看完这场惨剧的经过后,心里想,西方国家特别是受难国一定会追寻事件发生的根源,进行深刻的反思,问一问这是不是西方文化发生了问题。当然,这是我个人的一种私自的反应。但是我的私愿落空了。事件发生后事态的发展使我很失望,我对一般的"以牙还牙"报仇心理是可以理解的,这是人类甚至动物的原始性的心理反应。但是接着却把事件当作刑事案件来对待,缉拿凶手成了主要对策。凶手找不到就泄愤于被指为嫌疑对象的所在国,进行了不对等的战争,并利用现代科学所创造的武器,对嫌疑犯所在的国家进行狂炸滥轰。以反对恐怖主义的正义名义进行的这场战争,造成了大批无辜人民的死亡和遭殃。在我看来这是以恐怖手段反对恐怖主义的一个很明白的例子,是不是应了我们中国力戒"以暴易暴"的古训?这是我这个信息不灵通的老人的私见,但也许联系上我在前面所讲的西方文化的"天人对立"的价值观来看这段历史,就可以感觉到西方文化的价值观里轻视了文化的精神领域,不以科学态度去处理文化关系,这是值得深刻反省的。

我想接下去继续在对文化的思考上说几句关于东西方文化不同之处的问题。我着重说了西方文化的价值观中人和自然的关系,因为这正是东西方文化区别的要害处。我认为,西方文化在自然科学中强调,人利用自然而产生了技术并促进其发展,在这一点上是有别于传统的东方文化的。同时也正反衬出东方文化着重"天人合一"的传统，这里的"天"应作为自然解。我在这次讲话一开头就说明我是个从小在洋学堂里培养出来的知识分子，所以缺少了一段中国传统的经典教育。我没有进过私塾，没有坐过冷板凳，对中国传统文化缺乏基本的训练，但是在业余时间受到了上一代学者关于国学研究的影响，而且在上学时已听到过"天人合一"的说法，但当时并没触及我的思想深处。直到最近这几年，90岁以后，才补阅我故乡邻县无锡出生的钱穆（宾四）先生的著作。他是个热衷于"天人合一"论的历史学者，据说在他弃世之前不久曾对夫人说，他对"天人合一"有了新的体会，而且颇有恍然大悟之感，但所悟的内容却没有机会写成文字留给我们这些后代。正是记起了这件事，使我注意到文化价值观方面东西方文化的差别。当前西方文化中突出的功利追求和着重自然科学的发展的根源，也许就是这"天人对立"的宇宙观。我在这里不由得又想起钱穆先生所强调的，从"天""人"关系的认识上去思考东西方文化的差异，这一思考也使我有一点豁然贯通的感觉。中华文化的传统里一直推重《易经》这部经典著作，而《易经》主要就是讲阴阳相合而成统一的太极，太极就是我们近世所说的宇宙。二合为一是个基本公式，"天人合一"就是这个宇宙观的一种说法。中华文化总的来说是反对分立而主张统一的，大一统的概念就是这"天人合一"的一种表述，我们一向反对"天人对立"，反对无止境地用功利主义态度片面地改造自然来适应人的需要，而主张人尽可能地适应自然。这种基本的处世的态度正是我的老师潘光旦先生提出的"中和位育"的观点，"中和位育"就是"中庸之道"，对立面的统一、靠拢，便使一分为二成为二合为一，以达到一而二、二而一的阴阳合而成太极的古训。

我们中华文化的传统在出发点上和西方文化是有分歧的，目前在经济上进入全球化的时候，出现了文化的多元化，这时大家关心的是多元文化不要互相冲撞而同归于尽，这应当是"9·11"事件给我们的警告。多元文化的接触和交流是不可避免的历史过程，怎样取得人类持续发展的机会，必须尽力接受"9·11"事件和"阿富汗战争"所提出的警告，避免同归于尽的前途。我在这个局面中想到了东西方文化的处境，敲敲警钟以保卫世界和平，祝愿我们当前还存在着差别的多元文化，能在各自的发展中走向和平共处的世界，并愿在祝贺我故乡的高等学府成立百周年纪念的时刻做出这个呼吁。同时也想表白我坚信我们东方文化能在这个矛盾中做出化凶为吉的大事，做出对历史的贡献。

2002年5月5日于北京

经济全球化和中国"三级两跳"中对文化的思考[1]

一

全球化是近年来人们越来越注意讨论的一个话题。经济的全球化,世界市场的形成,加上电子化的信息沟通手段,引起了社会各方面和文化的重大变化。但是,现代化过程中可能发生怎样的变化,目前还不能预测。不过,回顾一下全球化进程的来路,对我们认识这一段历史的发展,理解我们身处的现实,保持清醒的头脑,跟上现代化的潮流,取得参与全球化社会发展的自觉和主动,应该是有益的。

据我所知,对于全球化过程开始时刻的确定,存在着多种看法。其中有一种观点似乎更为合理,正在被不同领域的学者接受。这种观点认为,全球化即全球各地人们的密切关联其实由来已久,可以认为开始于15世纪末的航海大发现。航海技术克服了海洋障碍,人类的洲际交通成为可能,加上后来以机械化大生产为特征的工业革命,使西方那些生产力领先的国家向世界各地的扩张成为现实。它们对世界市

---

[1] 本文是作者在"炎黄文化研究会2000年年会"上的讲话。——编者

场的拓展和向亚非国家的殖民活动是全球化过程开始阶段的根本特征。此后，到19世纪70年代告一段落。在这一阶段，最具有典型意义的例子是大英帝国霸权的确立。以英国为代表的欧洲国家在世界范围内进行大规模拓殖，用武力摧毁了亚洲、非洲、南北美洲的古代文明中心。试图把西方的社会制度和文化强行施加于这些地区，逐渐确立起以英国为首的西方中心地位。

在接下来的一个历史阶段，即大约从19世纪末叶到20世纪70年代初，美国崛起，并长期保持着生产力领先的发达国家地位。第二次世界大战以后，英国霸权让位于美国霸权，中心地位被美国取代。在美国霸权维持的经济秩序中，全球化进程明显加快了。运输和通讯技术的革新，使物资与信息的流动可以跨越种种空间障碍。经济交往的规模和频次大为提高，促进了经济组织的革新，以跨国公司为代表的经济力量对生产要素和世界市场进行新的整合。所谓"国际惯例"即市场上共同"游戏规则"的出现，是经济全球化进程在贸易交往制度上的反映，是与经济活动伴生的文化现象。更值得注意的一个事实是，由美国霸权主导的全球化进程，使美国模式的社会制度、文化价值观念等成了许多后起国家模仿的对象。

经济全球化的第三个阶段，是从20世纪70年代直到现在，目前还在继续发展。这个历史时期最突出的特点，是霸权受到强有力的挑战并在事实上将逐渐淡出中心地位，全球化进程的参与者以及驱动力呈现多元化局面。许多曾经被压制的力量和众多的新兴力量纷纷登场，走向前台，在全球化进程中积极强化自身的角色分量和参与权利。在这种多元格局里边，许多问题的产生和解决已经超出国界，所以，全球意识、全球共识、全球纲领、全球行动等越来越多地成为不同民族、不同国家、不同文化的人们自觉的追求。目前，全球化进程正在摆脱由单一中心为主导的局面，正在形成多元推动、多元共存、多元发展的强大趋势。这是包括中华民族、炎黄文化在内的当今世界各地的不同民族、国家和文化所共处的历史阶段。

二

上述的史实使我想起孙中山先生的一句话："世界潮流，浩浩荡荡，顺之则昌，逆之则亡。"我相信，中山先生的话也是我们在座各位的共识。我国避免不了要进入全球化这一世界潮流。既然如此，我们就应该对自己所处的变局有一个清醒的认识。我想，当前所说的全球化，指的主要是经济的全球化，人类社会在政治、文化、意识形态和生活习俗方面还是多元的。全球化这个总的趋势，不可能一下子就实现，而是以一步一步变化来完成的。第一步是经济的结合，形成全球市场，构成一个分工合作的经济体系，但其他方面还没有合起来，还保持着民族国家的分割状态。民族国家是19世纪以来形成的格局，新的经济体系看来正在冲击它，但还没有好的代替办法。优势国家统治劣势国家造成的殖民体系在二战后发生了变化,但殖民主义造成的南北差距还存在。搞得不好,经济全球化可能会加深南北差距,扩大贫富悬殊。这是20世纪没有解决的问题,但是看来已退不回去,只能顺势下去,想办法解决南北贫富差距的问题。

经济上的休戚相关和政治上的各行其是、文化上的各美其美,在人类进入全球化进程的初期,会形成一个大的矛盾。这给我们带来一个不能不面对的课题,即文化自觉和文化调适问题。过去有过"化外之民"的说法,现在则到了一个想做"化外之民"而不得的时代。我国要顺着潮流走,要融合到潮流中去,先进的东西要学习和掌握,要接受现代化这个大的方向,但要软着陆。软着陆的前提,是知己知彼。要看清自己的条件,盲目接受新事物是不行的,我们在这个方面的历史教训很多,这里不去多讲了。现在要紧的是我们不光要知道我国是在这个潮流当中,还要知道是处在这个潮流的什么地方,也就是说,需要对自己有一个比较客观、比较准确的历史定位。

在这个问题上,我希望能够向这次研讨会贡献一点我从自身经历中得出的具体认识。

大体上可以说,我这一生经历了20世纪我国社会发生深刻变化的各个时期。这段历史里,先后出现了三种社会形态,就是农业社会、工业社会和信息社会。这里边包含着两个大的跳跃,就是从农业社会跳跃到工业社会,再从工业社会跳跃到信息社会。我概括为三个阶段和两大变化,并把它比作"三级两跳"。第一个变化是我国从传统的乡土社会开始变为一个引进机器生产的工业化社会。一般人所说的现代化就是指这个时期。这是我一生中最重要的一个时期，也是我从事学术工作最主要的时期。在这一时期里，我的工作主要是了解我国如何进行工业革命。我为此做了力所能及的实地调查，从个案分析到类型比较，写出了相当数量的文章。从这一时期开始，一直到现在，到接近我一生的最后时期，在离开这个世界之前，我有幸碰到了又一个时代的新变化，即信息时代的到来。这是我所说的第二个变化，即我国从工业化走向信息化的时期。

就我个人而言，具体地说，我是生在传统经济的社会里面，这一生一直在经历我国走向现代化的过程。作为一个见证人，我很清楚地看到，当引进机器的工业化道路还没有完全完成时，已经又进入了一个新的阶段，即信息时代。以电子产品作为媒介来传递和沟通信息，这是全世界都在开始的一个大变化。虽然我们一时还看不清楚这些变化的进程，但我们可以从周围事物的发展事实中确认，由于技术、信息等等变化太快，我国显然已碰到了许多现实问题。我们的第一跳还在进行当中，有的地方还没有完成，现在却又在开始下一个更大的跳跃了。我国社会的这种深刻而复杂的变化，我在自己的一生里边都亲身碰到了，这使我很觉得庆幸。虽然因为变化太大、太快，我的力量又太有限，要求自己做的认识这世界的抱负不一定能做到和做好，但我还是想尽心尽力去做。事实上，我所有的学术研究工作的成就和失误都是和中国社会变化"三级两跳"的背景联系在一起的。

三

我国社会的第一跳是以我国各地不同民族的农村生活为基础的。我生长在江苏一个以农业为基础的小城镇里。它最早的历史实际可以追溯到7000年前的良渚文化。这个文化开始有了农业和家庭手工业。从考古学上，我们可以很清楚地看到这个时期已有村落生活。这就是我国第一跳的基础，也是我们乡土社会基本的性质。那个时候，从全国讲，文化形式已有很大的不同，已经是一个多元文化的基础。多元文化逐步交流融合，成为多元一体。这里也就开始了我进行研究的第一个阶段。我和前妻王同惠合写的《花蓝瑶社会组织》这本书里可以看到广西花蓝瑶社会和以我们家乡为代表的汉族社会文化的区别，以及它是如何受到汉族的影响的情形。

我第二阶段的研究题目，是从我国7000年前的良渚文化基础上发展出来的到近代以来开始进入工业化时期的一个我国农村的变化，可以我的《江村经济》为代表。从30年代早期的江村可以看到一个代表传统的文化基础和社会组织的农村，如何面临着全新的科学技术和机器生产的早期冲击。这是我们现代化开始的原初的形态。接下来，我又和我的学生一起写了《云南三村》，反映了内地农村不同于沿海农村的特点。这便是我们的现代化最早的过程。从地域上讲，是由东向西、从沿海到内地的。我的《江村经济》讲的是沿海地区的农村，开始了工业化。《云南三村》描绘的却是一个形态比较原始的乡土社会，受现代工商业影响逐步走向现代化的过程。通过在云南的研究，我看到了与江村不同的发展阶段。这是我第一个时期里第二阶段的工作，这个阶段到1949年告一段落。

50年代初，我国社会进入了社会主义改造时期。新中国逐步实现了对工业的国有化政策。在产权方面，对农村的土地和城市的企业进行了新的界定和安排。直到1978年中共十一届三中全会以后，随着农村改革的进展，乡土社会的工业化问题被历史性地重新提出，并在最近20年里得到全局性的实践。我国农村的工业化和现代化过程因此获得了真正强大的加速度。我自己的第二次学术生命也和我国农村工业化和现代化的全面推进同步展开。我在这一段的研究工作主要体现在《行行重行行》一书中。

在这个时期，因为受身体条件的限制，我已经不可能在具体的地方长期进行观察和访问，主要工作就变为结合第二手材料和直接访问进行类型式的比较研究。对于同一时期的不同类型的研究，可以帮助我们看到中国基层社会的动态，特别是在现代化和城市化过程中如何改变的。在这一阶段，我主要提出了乡镇企业和小城镇发展两个主题，目的是解决农民的出路问题，促进我国的城市化发展水平，提高广大城乡居民的生活质量。同时,我还以"全国一盘棋"为出发点,既注重沿海地区的发展研究,也关注内地和边区的发展,特别是边区少数民族的共同繁荣问题。我曾经提出一些多民族的经济协作区的计划和建议,如黄河上游多民族地区、西南六江流域民族地区、南岭民族走廊地区、内蒙古农牧结合区等等。作为一个多民族的国家,从历史上开始,就在不同民族聚居的交错地带建立了经济和文化的联系。久而久之,形成具有地区特色的文化区域。人们在这个区域中,你来我往,互惠互利,形成一个多元文化一体共生的格局。我所提出的经济协作的发展路子,就是以历史文化区域为出发点。现在回过头来看,可以更清楚地看到,我对我国经济和社会发展的多元一体的设想,对我以下要讲的国际经济社会多元一体的全球化进程的瞩望具有启发作用。

四

经过80年代开始的最近20年的改革,到新的世纪的最初时刻,我们已经可以从我国经济发展和我们与世界经济的联系中看到经济、社会和文化的巨大变迁的来临,预感到21世纪即将给人类的生存和发展带来全新的面貌。为了提请人们及早注意适应新世纪的要求,在10年前的"21世纪婴幼儿教育与发展国际会议"上,我做了题为"从小培养

21世纪的人"的讲话。在那次讲话中,我谈到,20世纪是个世界性的"战国时代",意思是说,在20世纪里,国与国之间、文化与文化之间、区域与区域之间,有着明确的界限,这个界限是社会构成的关键。不同的政治、文化和区域实体依靠着这些界限来维持内部的秩序,并形成它们之间的关系。这是我们共同经历过的历史事实。而在展望21世纪的时候,我似乎看到了另外一种局面,20世纪那种"战国群雄"的面貌已经受到一个新的世界格局的冲击。民族国家及其文化的分化格局面临着如何在一个全球化的世纪里更新自身的使命。

我做出这样的判断,不是没有根据的。近几年来,我特别注意到区域发展过程中全球化的力量。我看到,信息产业的发展带来了一种十分严峻的挑战。美国在最近十多年里发展起来的微软公司,实力已经达到几千亿美元。这是个当代信息技术的密集型产业,是最新现代化技术的世界级龙头。它的作用已经使城市中的许多产业的传统操作技术面临深刻的危机。在这样的情况下,我们不能不重新考虑我国农村工业化和城市化的问题。我有一次访问广东的顺德,当地的领导同志对我说,根据当地的经济发展趋势,他们认为乡镇企业的概念已经过时了。为什么这么说呢?因为经济发展的现实告诉我们,小城镇的规模看来不具备接受信息技术产业的能力,应该使一批紧密相连的城镇和中心城市尽快兴起,以便接受快速发展的信息产业的较高要求。另外,产业组织的跨国化,同样也对小城镇的发展提出了新的问题。为及时解决这类问题，顺德从1992年开始进行机构改革，政府把三大产业分离出来，组建工业发展公司、农业发展公司和贸易发展公司。1993年起，实行股份合作制，并改革企业的医疗保险和养老制度，真正转变了政府职能。企业在解决了体制问题之后，接着就解决市场问题。市场问题不是一个简单的地区性问题，而是牵涉到香港以及世界其他地区，牵涉到地区与地区之间的新型关系，牵涉到大型中心城市的发展问题。这次谈话，给我很大的震动和启发。

跨地区和跨国界的经济关系，除了表现在市场的超地方特征之外，还表现在近年来跨国公司的大量发展上。跨国公司在产权方面与具有民族国家疆界的国有、私有企业不同，它们没有明显的地理界限。它们的最大特征就是"无国界性"。在经济全球化的进程当中，不仅外国人来中国设立他们跨国公司的办事处、子公司，拓展业务，而且也有越来越多的中国人到海外办公司、办工厂，甚至开设大型专业市场。我家乡的震泽丝厂在美国开办了分公司；我访问过的青岛海尔集团在海外开了分公司；我所熟悉的温州人在巴西开设了"温州城"……这样的经济交融，已经不是简单的"西方到东方""外国到中国""中国到外国"的老问题，而是一种新型的国与国、区域与区域之间交流和互动的新发展和新的经济组织形式。

五

从沿海地区和内地的局部地区看，我国一些企业乃至产业对经济全球化进程的融入已经相当自觉。但是从我国广大中西部地区看，整体情况还不能让我们很乐观。相比较而言，我国属于全球化进程中的后来者，而且是后来而暂未居上。由于历史的原因，我国的现代化进程曾经一再被延误，失去过很多宝贵的时机。

从19世纪40年代开始，我国由一个古老的文明中心被帝国主义的坚船利炮强行纳入了西方国家主导的全球化进程。包括我的朋友费正清在内的许多学者都认为，鸦片战争之前，中国的文化体系平行于其他的世界体系，并且一度比西方世界体系更为发达。但是长期的封闭导致政府腐败、科技落后、经济凋敝、装备松弛以及心理上的抱残守缺、妄自尊大，致使这个庞大的体系逐渐失去活力，终于被西方列强的殖民扩张所压倒，无从自主，只能在全球化进程中处于依附地位。

一个世纪以后的1949年，中国实现了独立与自主，却在苏联经济模式的影响下脱离并抵抗了西方主导的全球化进程。在对全球化主体潮流的脱离和抵抗中，我们虽然坚持了政治上的独立，却也造成了自身的封闭和僵化，无法从全球化进程中获得发展动力，结果是在现代经济和文化等方面的落伍，而世界的发展没有停下来等我们，"沉舟侧畔千帆过"，我们明显是落后了。

1978年，我们终于下定了改革开放的决心，主动并且逐渐深入地加入到了全球化进程的各个领域当中，急起直追。在政治上，我们与西方各国加强接触和了解，融洽了在"冷战"时期冻结的关系；在经济上，我们以经济特区为先导，依次开放沿海城市、沿江城市和内地，进行经济体制改革，建立市场经济体制，积极与国际惯例接轨，形成了加入经济全球化潮流的制度性保障。正是在这样的情况下，出现了我们在第一跳还没有完成的情况下已经不能不进行第二跳的局面。

　　这一局面来之不易，值得倍加珍惜。而这一局面给我们提出的艰巨使命，更需要进行深入的思考。第一跳还没有完成，已经必须跳第二跳了。这是我们走改革开放的路、融入全球化潮流所必然要碰到的局面。怎么办？小平同志说，要冷静观察，沉着应付，摸着石头过河。这就是科学的态度。我们要大刀阔斧地进行改革，又要小心谨慎地应付局面。不看清潮流的走向，不摸清自己的底子，盲目地进入潮流是不行的。我们的底子是第一跳尚未完成，潮流的走向是要我们跳上第三级。在这样的局势中，我们只有充实底子，顺应潮流，一边补课，一边起跳。不把缺下的课补足，是跳不过去的。历史不是过去了就算了，历史会对今天发生影响的。就物质与精神两个方面说，或者说是硬件与软件两个方面看，我们曾经有过精神（软件）讲得多，物质（硬件）讲得少的时代，现在却是物质讲得多，精神讲得少了。这叫矫枉过正，这就是历史的一种影响。在当前的发展过程中，重理轻文，差别太大，从长远看，会带来负面的东西。"文革"的影响太大了，不能不记取。

改革开放，不能只学外国的表面文章，而是要拿来现代化过程中形成的先进的文明成果为我所用。我们是要提高生产力水平，提高综合国力，提高人民群众的生活水平，是要把中国文化很好地、很健康地发展起来。现在中国的大问题是知识落后于要求。最近20年的发展比较顺利，有些人就以为一切都很容易，认为生产力上来了就行了，没有重视精神的方面。实际上，我们与西方比，缺了"文艺复兴"的一段，缺乏个人对理性的重视。这个方面，我们也需要补课，这决定着人的素质。现代化的发展速度很快，没有很好的素质，就无法适应现代化的发展要求。这是个文化问题，要更深一层去看。

六

中国文化的历史很长，古往今来的很多思想家为我们留下了十分宝贵的思想财富。中国传统文化思想的一大特征，是讲平衡和谐，讲人己关系，提倡天人合一。刻写在山东孔庙大成殿前的"中和位育"四个字，可以说代表了儒家文化的精髓，成为中国人代代相传的基本价值取向。我的老师潘光旦先生早在20世纪30年代就讲"位育"问题，认为在社会位育的两方面中，位即秩序，育即进步。位者，安其所也；育者，遂其生也。潘先生对"中和位育"做了很好的发挥。潘先生是个好老师，可惜我不是个好学生，没有能在当时充分意识到这套学说的价值，没有在这方面下够工夫。直到晚年，才逐渐体会到潘先生当年的良苦用心，体会到"中和"的观念在文化上表现出的文化宽容与文化共享的情怀。11年前，在一些学界朋友为我召开的80岁生日的欢叙会上，我展望人类学的前景时，提出人类学要为世界文化的多元和谐做出贡献。我说了四句话，16个字："各美其美，美人之美，美美与共，天下大同。"作为一个人类学者，我希望这门学科自觉地探讨文化的自我认识、相互理解、相互宽容问题，确立世界文化多元共生的理念，促进天下大同的到来。实际上，这也是中国的传统经验里面一直强调的"和而不同"的思想所主张的倾向。

对于中国人来说，"天人合一"是一种理想的境界。天与人之间的社会规范就是"和"。这个"和为贵"的观念，是中国社会内部结构各种社会关系的基本出发点。在与异民族相处时，把这种"和"的观念置于具体的民族关系中，出现了"和而不同"的理念。这一点与西方的民族观念很不相同。我认为，"和而不同"这一古老的观念仍然具有强大的活力，仍然可以成为现代社会发展的一项准则和一个目标。承认不同，但是要"和"，这是世界多元文化必走的一条道路，否则就要出现纷争。而现在人类拥有的武器能量已经可以在瞬间毁灭掉自身。如果只强调"同"而不讲求"和"，纷争到极端状态，那只能是毁灭。所以说，"和而不同"是人类共同生存的基本条件。

"和"的局面怎样才能出现呢？我想，离不开承认不同，存异求同，化解矛盾。化解的办法中，既要有强制，也要有自律。从社会学的角度看，一个基本问题是个人与社会的矛盾、自由主义与平等主义的矛盾。自由要承认竞争为主，竞争就是有优势劣势之分，就形成了过去的格局。要解决这个问题，不能单靠社会控制的强加式的外力，还要有自我控制的内力。世界各国既然现在都属于一个地球村，这个"村"里就应该有一套"乡规民约"，大家认同，自觉遵守，否则就要乱套。"乡规民约"与法律不同，是习惯化的、自动接受的、适应社会的自我控制，是一种内力。中国老话里讲"克己复礼"，这个"礼"是更高境界的乡规民约。

要实现个人与社会的相互统一，不同文化之间的相互理解和适应，大家都自觉地遵守"乡规民约"，需要一个磨合的过程。只要愿意共存共荣，就必须要磨合。磨合就是通过接触交流、对话和建立共识，以达到矛盾消除的过程。事实上，我们现在就处在这个磨合的过程中。当前需要有一个对磨合的认识和肯定，要意识到，这个磨合过程需要种种临时协定作为对大家有利的"乡规民约"。有了这个方面的共识，才会有比较自觉的磨合行为，才会有比较好的磨合状态，才能比较顺利地从经济全球化过渡到文化上的多元一体，经过不断的磨合，最终进入"和而不同"的境界。

依照进化的观点和规律，21世纪的人类应该比20世纪的人类生活得更加聪明。事实上，已经有人在讨论新的发展观，提出了不同传统发展观的几个特点，比如合理开发资源、讲究生态效益，又比如注重社会平等、倡导精神追求、促进人的全面发展等等。我们可以发现，这些现代人类提出的准则，是中国传统文化精神一向坚持的倾向。这样的史实的肯定和弘扬，应该有利于帮助我们树立起应有的文化自信。

当今世界上，各地不同的文化都已经被纳入到全球化的世界体系中，已经不存在化外之地。全球化潮流发端于西方世界，非西方世界在接受西方文化的同时，应当通过发扬自身的文化个性来对全球化潮流予以回应。我近年来在很多场合提到的"文化自觉"，就含有希望看到这种回应的意思。"文化自觉"是当今时代的要求，它指的是生活在一定文化中的人对其文化有自知之明，并对其发展历程和未来有充分的认识。也许可以说，文化自觉就是在全球范围内提倡"和而不同"的文化观的一种具体体现。把这个话放在炎黄文化研究会的年会上讲，我觉得应该有更充分的理由表达一种愿望，就是希望中国文化在对全球化潮流的回应中能够继往开来，大有作为。最近在许多文章中经常提到的"中华民族的伟大复兴"，应该包括这一个很重要的方面，就是中国文化的复兴。为了这个前景，我们有必要加强人文主义，提倡新人文思想。有如潘先生讲的，在原有传统文化的基础上，吸收西方科学精神，建设新的人文精神。回到今天我的讲话的题目上，面对经济全球化的世界潮流，我们在开始第二跳的时候,要记住把这些想法带上,把"天人合一""中和位育""和而不同"的古训带上,把对新人文思想、新人文精神的追求带上。这样去做,我们就能获得比较高的起跳位置,也才能跳得高,跳得远,在真正的意义上实现中华民族的伟大复兴。

2000 年 10 月

关于"文化自觉"的一些自白[1]

近些年来我常讲"文化自觉"问题,正式采用这个名词是在1997年北京大学举办的第二届社会学人类学高级研讨班上。我提出"文化自觉"这四个字来表明这个研讨班的目的,是想问一问,总结一下在这个研讨会上我们大家在做什么。这四个字正表达了当前思想界对经济全球化的反应,是人们希望了解为什么世界各地在多种文化接触中会引起人类心态发生变化的迫切要求。人类发展到现在已开始要知道我们各民族的文化是哪里来的?是怎样形成的?它的实质是什么?它将把人类带到哪里去?

这个名词确实是我在这个班上做闭幕发言中冒出来的,但是它的思想来源,可以追溯的历史相当长了。大家都了解,20世纪前半叶中国思想的主流一直是围绕着民族认同和文化认同而发展的,以各种方式出现的有关中西文化的长期争论,归根结底只是一个问题,就是在西方文化的强烈冲击下,现代中国人究竟能不能继续保持原有的文化认同?还

---

[1] 本文是作者在中华炎黄文化研究会创办的"21世纪中华文化世界论坛"第二次国际学术研讨会上的发言,后刊发于《学术研究》2003年第7期。——编者

是必须向西方文化认同？上两代中国的知识分子一生都被困在有关中西文化的争论之中，我们所熟悉的梁漱溟、陈寅恪、钱穆先生都在其内。

我清楚地记得，当我在燕京大学上本科时，曾选修历史系一位外籍教授开的"中国文艺复兴"这门课程。他的教法是把清朝末年，从1860年起，英法联军闯入圆明园，到辛亥革命这段时期里，把他看到的外国作者对中国人的事情和说法的英文材料找出来让我们阅读，以了解这段历史的变化。对这门课我是很用功的，他指定的书和文章我都读了，而且做了笔记。所读的材料，历时约50年，经过四个皇帝，进犯中国的国家从老牌的帝国主义英、法、俄开始，逐渐增加到12国。签订的不平等条约就有十几个之多。这段时间里还发生了太平天国起义、戊戌变法、黄花岗起义等一系列重大事件。在读的材料里有一件事给我印象很深，至今仍然记得，那就是在太平天国宣布起义并定都南京后，有一个曾国藩手下的大将，名叫胡林翼，当时驻守在今安徽的马鞍山，他在江边阅兵时，有一只外国军舰，冲着他沿江而上，看到这艘外国军舰，这位大将竟当场昏厥了过去。后来别人问他为什么，他回答说，对付太平天国我们还有把握，但对付这些外国军舰就没有办法了。这件事生动地反映了当时清政府上层的态度。他们看到了中国的物质技术远远落后于西方，因而惧怕和退缩了。因此引起了以后丧权辱国的灾难性后果。

这说明在中西文化碰头时，他们认输了，这是一个大转折。过去清政府以"天朝上国"自居,视外国使节为"外夷入觐",乾隆皇帝认为自己国家物产丰盈,并不需要"外夷"的货物,同外夷贸易是一种恩赐;英国使团提出觐见时,他要求英使节行三跪九叩首的大礼。这个皇帝那时还没有认输。

中西文化碰了头,中西文化的比较,就一直是中国知识分子关注的问题,他们围绕着中华民族的命运和中国的社会变迁,争论不休,可以说至今还在继续中。在"五四"运动以前,大致是19世纪中叶,已有人提出了"西学"的观念,要在技术上学习西方人的长处,以求有所改进,可用"旧学为体、新学为用"即"中学为体、西学为用"的看法来概括。那时,人们对中国原有的一套政治伦理秩序并没有发生大的动摇。到了"五四"运动,碰到的问题已不是借用一些"西学"可以解决的了,基本上是要以西方现代化来代替中国的旧文化了。所以"五四"运动又叫新文化运动。不少人用西方启蒙运动以来的一些观念作为推翻和取代传统制度的目标,其中最重要的是民主与科学,在"五四"之后发生过"科学和玄学"及"民主与独裁"的两次重要争辩。随后中国共产党在1921年成立,马克思主义得到不少青年的信仰。中国向何处去是知识界不能回避的问题了。抗战开始,国难当头,民族危机使争论暂时停顿下来,但战后应该建立怎样一种社会文化秩序,仍然是知识界关心的主题。彻底打破现状,重建一个全新的理想社会,无疑对知识分子具有极大的吸引力。那时主导的思潮是否定传统的,当时即使有人提醒人们应该正视革新和传统的关系,也并不能引起人们的注意。抗战结束后中国知识界的思想情况也随着国内政治局势的变化而迅速发生了变化。新中国成立后,中国大陆发生了翻天覆地的巨变,知识界在马克思主义的指导下走上建设社会主义道路。归结起来看,无论是"戊戌"的维新变法、"五四"的新文化运动和解放后的历次政治运动,都是在破旧立新的口号下,把"传统"和"现代化"对立了起来,把中国的文化传统当作了"现代化"的敌人。"文化大革命"达到了顶点,要把传统的东西统统扫清,使人们认为中国文化这套旧东西都没有用了。

总之,中国文化从传统走向现代的进程中,步履维艰。怎样才能使中国文化的发展摆脱困境,适应于时代潮流,中国知识分子上下求索,提出了各种各样的主张,以探求中国文化的道路。由此涌现出各种流派,有如新儒家就是重要的一家,它主要在哲学一门之内,也涉及史学,看法未必一致。这方面我不太熟悉,最近看到余英时先生的文章讲道:"新儒家"是指20世纪的思想流派,其事起于境外,特别指1958年元旦张君劢、唐君毅、牟宗三、徐复观四位先生在香港《民主评论》上所发表的一篇宣言——《中国文化与世界——我们对中国学术研究及中国文化与世界文化前途之共同认识》。这些情况以及其后之发展在我当时的处境自然不会了解,同时也不会是大陆知识分子关注的中心问题。现在应该回过头来看一看,做一番研究是有必要的。

这种情况直到改革开放后开始有所反思,我们要搞清楚中国文化的特点是不可能割断历史的，港台的知识界60年代也对此提出了问题，不少人感兴趣的是怎样在"传统"和"现代化"之间找到接榫之处，说明文化不仅仅是"除旧开新"而且也是"推陈出新"或"温故知新"。"现代化"一方面突破了"传统"，另一方面也同时继续并更新了"传统"。

就我个人来说，我受的教育是从清末民初所谓新学开始的，这个新的学校制度是针对旧的科举制度下的私塾制度而兴起的。我的父亲是最后一科的秀才，科举制度在他那一代取消了。改革之后，他被选送到日本去留学，学教育。回来后就搞新学，办了一个中学。我母亲创办了县里第一个蒙养院，我从小就是在这个蒙养院里边长大的，所以我没有进过私塾，没有受过四书五经的教育。连《三字经》《百家姓》也没有念过。我念的是"人、手、足、刀、尺"，是商务印书馆的小学课本，是新学的东西。不用面壁背书，坐冷板凳，还可以唱歌做游戏。初小后进入私人办的私学，也是由留学生办的新学。接着上了教会办的大学，从东吴转到燕京，又进了清华研究院，并再去英国留学，一生受的教育都是西方文化影响下的"新学"教育。父母主张新学，不要旧的一套，在儿女身上不进行旧式的教育，所以我缺了从小接受国学教育这一段，国学的根子在我身上并不深。中西方文化接触，在我本人并没有感到严重的矛盾。这一点和我的上一代是不同的，他们是受中国文化培养成长的，有着深厚的中国传统文化的根底。由于他们基本上是在中国文化传统的熏陶下成长起来的，因而对中国文化的长处有亲切的体验，甚至有归属感，所以他们的基本立场是"要吸收西方新的文化而不失故我的认同"。如陈寅恪先生讲"一方面吸收输入外来之学说，一方面不忘本来民族之地位"；钱穆先生说"余之所论每若守旧。而余持论之出发点，则实求维新"。像他们这样的学者是无法接受"进步"和"落后"的简单二分法的，他们求新而不肯弃旧，在当时的潮流中不免陷入严重的矛盾之中。

我在70岁时重新开始了社会学人类学的研究，进入了第二次学术生命，当时预计还有10年的工作时间，希望自己在有生之年，还能为中国的人文社会科学发展多做些工作。学习社会人类学的基本态度就是"从实求知"，首先对于自己的乡土文化要有所认识，认识不是为了保守它，重要的是为了改造它，正所谓推陈出新。我在提出"文化自觉"时，并非从东西文化的比较中，看到了中国文化有什么危机，而是在对少数民族的实地研究中首先接触到了这个问题。20世纪80年代末我去内蒙古鄂伦春聚居地区考察，这个民族是个长期在森林中生存的民族，世世代代传下了一套适合于林区环境的文化，以从事狩猎和饲鹿为生。近百年来由于森林的日益衰败，威胁到了这个现在只有几千人的小民族的生存。90年代末我在黑龙江又考察了另一个只有几千人、以渔猎为生的赫哲族，他们也存在同样的问题。中国10万人口以下的"人口较少民族"就有22个，在社会的大变动中他们如何长期生存下去？特别是跨入信息社会后，文化变得那么快，他们就发生了自身文化如何保存下去的问题。我认为他们只有从文化转型上求生路，要善于发挥原有文化的特长，求得民族的生存与发展。可以说文化转型是当前人类共同的问题。所以我说"文化自觉"这个概念可以从小见大，从人口较少的民族看到中华民族以至全人类的共同问题。其意义在于生活在一定文化中的人对其文化有"自知之明"，明白它的来历、形成的过程，所具有的特色和它的发展的趋向，自知之明是为了加强对文化转型的自主能力，取得决定适应新环境、新时代文化选择的自主地位。

实际上在经济全球一体化后，中华文化该怎么办是社会发展提出的现实问题，也是谈论文化自觉首先要面临的问题。我回想起在上世纪末与台湾人类学家李亦园教授关于中国文化与新世纪的社会人类学的对话。

我提出了一些自己在思考的问题，并且认为研究文化的人应该注意和答复这些问题，比如我们常常讲有中国特色的社会主义，那是指马克思主义与中国实践相结合的结果，所以在马克思主义进入中国后变成了毛泽东思想，后来又发展成了邓小平理论，这背后一定有中国文化的特点在起作用，可是这些文化特点是什么，怎么在起作用，我们都说不清楚。我们交谈时涉及几个实例，一是谈到重视家庭的思想，注重家庭的重要作用。在改革开放后实行家庭联产承包责任制，农村的生产力一下子解放出来了。以后在农村工业化中，又看到了真正有活力的是家庭工业。同时让我进一步想到中国社会的生长能力在什么地方，中国文化的特点之一我想是在世代之间联系的认识上。一个人不觉得自己多么重要，要紧的是光宗耀祖，是传宗接代，养育出色的孩子。二是"一国两制"的实践不光具有政治上的意义，而且还表现在不同的东西能不能相容共处的问题上，所以它还有文化的意义。这就是说中国文化骨子里还有这个东西可以把不同的东西凝合在一起。可以出现对立面的统一。三是"多元一体"的思想也是中国式文化的表现，包含了各美其美和美人之美，要能够从别人和自己不同的东西中发现美的地方，才能真正地美人之美，形成一个发自内心的、感情深处的认识和欣赏，而不是为了一个短期的目的或一个什么利益。只有这样才能相互容纳，产生凝聚力，做到民族间和国家间的"和而不同"的和平共处、共存共荣的结合。四是能想到人家，不光想到自己，这是中国人际关系当中一条很重要的东西，老吾老以及人之老，幼吾幼以及人之幼，设身处地，推己及人，我说的差序格局就出来了。这不是虚拟的东西，是切切实实发生在中国老百姓日常生活里的真情实事，是从中国悠久的文化里边培养出来的精髓，"文化大革命"对这一套破坏得太厉害，把这些东西都否定了，我看这是不能否定的，实际上也否定不了。

我们现在对中国文化的本质还不能说已经从理论上认识得很清楚，但是大体上说它确实是从中国人历来讲究的"正心、诚意、修身、齐家、治国、平天下"的儒家所指出的方向发展出来的。这里边一层一层都是几千年积聚下来经验性的东西，如果能用到现实的事情当中去，看来还是会发生积极作用的。我们中国文化里边有许多我们特有的东西，可以解决很多现实问题、疑难问题。现在是我们怎样把这些特点用现代语言更明确地表达出来，让大家懂得，变成一个普遍的信息和共识。

长期以来在西方文化浪潮的冲击下，特别在"文革"时期，"传统"被冲刷得太厉害了。由此所造成的危害及其严重性还没有被人们所真正认识，同时能够把有深厚中国文化根底的老一代学者的学术遗产继承下来的队伍还没有形成，因此我深深感到知识界的责任重大。我前面谈到由于自知国学根底不深，需要补课，近年来读了陈寅恪、梁漱溟、钱穆等先生的著作，很有收获。启发我对中国文化精神更深入的理解，对中西文化比较更深刻的研究。

同时自己感到对世界大潮流有些"隔膜"，虽然改革开放后我们已经重新"放眼看世界"，我也多次出国进行学术交流，但开始看到的主要是西方在新技术方面的迅速发展，有如我在《访美掠影》一书中描述的计算机信息技术等。但是到20世纪90年代苏联解体，冷战结束，世界格局发生了重大变化，西方舆论"自鸣得意"，我对亨廷顿的"文明冲突论"虽有批判，但对于中西文化中深层次的问题并不敏感。正如我前面所讲自己"行行重行行"，力争紧跟国内社会经济发展，提出"文化自觉"的看法，也是从少数民族地区的发展问题中看到的。

去年美国的"9·11"事件对我有很大的震动。在我看来这是对西方文化的又一个严重警告，而且事件后事态的发展使我很失望，这种"恐怖对恐怖"的做法，让我看到西方文化的价值观里太轻视了文化精神的领域，不以科学的态度、实事求是的精神去处理文化关系，这是很值得深刻反思的。因此也让我想从理论上进一步搞清一些问题，如个人与文化的关系，文化的社会性和历史性问题等，以利推动中西文化比较研究的深入。

今年5月我在南京大学建立100周年的纪念会上，发表了《文化论中人与自然关系的再认识》的讲话，进行了这方面的探讨。我们这些人，从生物基础上看是和其他动物一样的，它的生命实际上同样有一定的限期，即所谓有生必有死，生和死两端之间是他的生命期。但由于人们聚群而居，在群体中又凭其共同认识，相互模仿别人的生活手段以维持他的生命，这时他已从生物人变成了社会人。每个生物人都在幼年逐步变成社会人而继续生活下去的，只有作为一个社会人，生物人的生命才得以绵延直至死亡。我们一般说人的生命是指生物人而言的，一般所说人的生活是指社会人的一生而言的。生活维持生命的继续，从生到死是一个生物必经的过程。但是生活却是从生物机体遗传下来的机能通过有向别人学习的能力而得到的生活方式。一个人从哺乳期到死亡的一切思想和行动，都是从同一群体的别人那里学习得来的。所学会的那一套生活方式和所利用的器具都是在他学习之前就已经固定和存在的，这一切是由同群人所提供的。这一切统统包括在我所说的人文世界之内，它们是具体的文化内容。当一个生物人离开母体后，就开始在社会中依靠着前人创造的人文世界获得生活。现存的人文世界是人从生物人变成社会人的场合。这个人文世界应当说和人之初并存的，而且是历代社会人共同的集体创作，社会人一点一滴地在生活中积累经验，而从互相学习中成为群体公有的生活依靠、公共的资产。孔子说"学而时习之"就是指模仿别人而不断实践。这是人从作为生物个体变成社会成员的过程。

人文世界拆开来看，每一个成分都是社会中的个人凭其天生的资质创造出来的，日积月累，一代代人在与自然打交道中形成的。这些创新一旦为群众所接受，就进入人文世界的内涵，不再属于任何的个体了。这就是我们应当深入理解的文化社会性。

文化是人为的，但这里只指文化原件的初创阶段，它是依靠被吸收在群体中的人们所共同接受才能在群体中维持下去。一群社会人互相学习利用那些人文世界的设施包括物质的和精神的，或说包括它的硬件和软件进行生活。生物人逃不掉生死大关，但属于社会人的生活用具和行为方式即文化的零部件却可以不跟着个别生物人的生死而存亡。文化的社会性利用社会继替的差序格局，即生物人生命的参差不齐，使它可以超脱生物体生死的定律，而有其自己存亡兴废的历史规律。这是人文世界即文化的历史性。

强调重新更深入地认识文化的社会性和历史性，可以帮助我们加深对文化的认识。我已注意到文化价值观方面存在着东西文化的差别，中华文化的传统在出发点上和西方文化就有分歧。前一辈的学者，所谓新儒家，已经碰到了这个问题，他们用历史学的方法，做了具体而细致的研究工作，钻研得很深，提出了他们自己独到的见解。我们真要懂得中国文化的特点，并能与西方文化做比较，必须回到历史研究里边去，下大工夫，把上一代学者已有的成就继承下来，切实做到把中国文化里边好的东西提炼出来，应用到现实中去。在和西方世界保持接触、进行交流的过程中，把我们文化中好的东西讲清楚使其变成世界性的东西，首先是本土化，然后是全球化。这个任务是十分艰巨的，现在能够做这件事的学者队伍还需要培养，从现在起在几十年里培养这样一批人是当前一件很重要的事情。当务之急是要在我们的知识界造成一种良好的风气，补上"放眼世界"这一课，关注世界大潮流的发展变化。我自己年纪大了，实际上不能进一步去观察，也没有条件深入研究了。但我认为经济全球化后文化接触中的大波动必然会到来，迟早要发生的，我们要有准备地迎接这场世界性文化大论争。因此我们一方面要承认我们中国文化里边有好东西，进一步用现代科学的方法研究我们的历史，以完成我们"文化自觉"的使命，努力创造现代的中华文化；另一方面要了解和认识这世界上其他人的文化，学会解决处理文化接触的问题，为全人类的明天做出贡献。

2002 年 8 月 6 日

对文化的历史性和社会性的思考[1]

两年前召开第七届"现代化与中国文化研讨会"时,我说那可能是最后一次参加这个系列的会议了。这次召开第八届会议,证实我的那个预测并非准确。不过,坐在大家面前,我今天感觉依旧:个人生命的短暂与文化传承的久远令我这个即将谢幕的老人觉得时间迫切;能在这样的学术盛会上述说一点自己的体会,也许是使个人短暂的生命得以融会于久远文化的好方式。

与会的同人都能了解这个研讨会的渊源。我在回顾初次聚会至今的这20年时,更觉"逝者如斯"的压力。转眼即逝的时间,使求知者深感需要的时间是永远不足的。以我自己一生学术工作的全部来说,我所面对、所思考并为之奔波的,可以用这个学术研讨会那看似简单的题目来表达。从上个世纪30年代算起到今天,我已经耗费了六七十年的光阴来追求的,就是在"现代化与中国文化"这个课题的领域里做了一点工作,提出了一些问题。不能说取得了什么成

---

[1] 本文是作者在第八届"现代化与中国文化研讨会"(2003)上的讲话。——编者

果，我只能说，自己在个人的学术生命中，做了自己力所能及的事。过去这10多年来，我逐渐从80多岁变成了90多岁。我常想到应当在还活着、还能进行脑力劳动的日子里，赶紧把过去已经写下的东西多看看，反思反思，结结账。从1993年开始一连写了好几篇比较长的文章，都属于"算旧账"的回顾与反思。请允许我在这里再次将自己过去所做的思考，继续做这个自认为必要的工作。

从我这代人的老师辈开始，现代化与我们自己的文化之间的关系，一直受到包括我在内的中国知识分子的密切关注。21世纪初期的两三年时间里，这一关系，以新的形式重新在世界上产生了重大影响。为了迎接这个新的世纪，展望文化研究的重要意义，几年前我提出了"文化自觉"的说法，认为中国知识分子应主动承担起认识自己的文化及其定位、认识不同的文化及展开跨文化对话的任务。去年，在南京大学创立100周年纪念会议上，我就《文化论中人与自然关系的再认识》这个题目谈到了自己在这方面的一点思考。在那篇文章中，我讲到不同文化对处理自然与人之间关系提出的不同看法。有鉴于西方文化中"天人对立"的世界观对现代世界的影响，我触及了有关当代世界里文化价值观应当调整的问题，认为要消除这个时代所给人们带来的文化矛盾，就有必要深入看到西方"天人对立"世界观的局限性，而要做到这一点，我们又有必要避免与"天人对立论"关系至深的个人中心的方法论，从历史性和社会性上来探索和理解中国文化的特色。在今天这个场合，我愿意不揣粗陋地把自己对问题的想法再度提出来供大家讨论。

一

一个世纪以来,研究非西方文化的西方人类学家,已经关注到亚洲、非洲、拉丁美洲、太平洋地区文化的历史性与社会性了。而且,文化的历史性与社会性在中国文化中体现得特别浓厚。中国地大人多,地处山海之间,有辽阔的平原,从早期的渔猎社会发展到农业社会,乡土性特别浓厚。过去人们认为,黄河流域是为中国乡土社会的形成提供了最早的土壤。我去看过浙江的河姆渡,考古学家说这个遗址代表了长江三角洲文化,已有7000多年的历史,而太湖周围的良渚文化也有5000年的历史,看来都已相当发达。特别是以农业为主,耕种已用犁,种的是稻谷,会纺织。考古学研究证明,南方地区的这两个文化类型,有了一定的经济基础,是已定居了的乡土文化,衣食住行的基本条件已经达到一定水平了。可见,浓厚的乡土性,广泛存在于中国南北方辽阔的大地上。

乡土社会的经济基础稳定,以农业为主,自给自足,生活方式也有自己的一套,所以延续了几千年,多少代人生活在稳定的历史继承性中。这种特殊的历史性,也表现在我们文化的精神方面,自孔子时代起,倡导人文关怀,不关心人死后的灵魂归属,而关心现世生活。这不是说,中国人不在"死活"之间寻找关联性,而是说,我们不像西方人那样把死人与活人分离开来,放在分离的时间和空间里,而试图在二者之间找到与现世生活有关的连续性。

中国文化的注重历史性,要从亲属制度说起。中国是一个有祖宗和有子孙的社会,个人是上下、前后联系的一环。我在写《生育制度》时,已强调了这个特点,我曾有意指出,中国文化的特点之一正在于这种将个人纳入到祖先与后代的历史连续体之中的做法。那个时代,在比较中西文化中获得显著成就的梁漱溟先生,已从宏观的角度探讨祖先崇拜与基督教一神信仰之间的差异及其社会效应。已故的人类学同人许烺光在《祖荫之下》这本书里,用来自民族志的资料论说了中国人生活中祭祀祖先仪式中香火延续的观念及它代表的亲属制度的历史性。这些论述让人想到,过去的中国人,为什么不需要宗教。他们用祖宗和子孙的世代相传、香火不断的那种独特的人生观为信仰,代替了宗教。对我们中国人来说,生命是时间里的一个过客,在时间和空间里有一段属于个人的份额。但它并非是个人性的。个人首先是一个生物体,但更重要的是与文化有关系的三个不朽,即所谓立德、立功和立言。也就是说,文化是人创造的,人不是简单的生物体,因为没有他创造的文化,也就没有人自己。从一定意义上讲,人得以不朽,是因为他能立德、立功、立言,从被社会承认、对社会做出贡献、对社会关注的问题做出自己的阐述,而得到超越个人生物体的生命。

在中国文化中,文化在这个特殊意义上具有的历史性,又紧密地与文化的社会性相联系。人生在一个集体中，一个所谓的"社会结构"中。出生后要在社会中从幼到成年，变成社会人。所谓"进入社会"，就是接受一套已先于他存在的文化体系。人生出来就被纳入集体的社会中。人要共同生活，人与人要相互认识，要心心相印。这共同的一套就是这个社会的文化内容。如果已有的文化内容不能适应客观的变动，文化里就要出现新的东西。生物人的成为社会人，是靠"学而时习之"，靠模仿，对模仿不满足后，就要创造，个人的创造为社会接受后，改变为集体的东西，就超越了个人，成为集体的和不朽的文化。在中国文化里，文化本身是变的，不可能永远复制上一代的老框框。文化是流动和扩大的，有变化和创新的。个人是一个文化的载体，但也是在文化的不断创新中成为的变体。个人与个人可以有心灵沟通，这种沟通产生的效果，不单是两个个人之间的关系，而是个人进入集体创造成为社会的共识，个人进入社会创造文化的过程。

像"天人合一"一样，个人生物体－集体－共识（包括语言、意义、反应），即人－社会－文化，在中国文化里是重要的连续体，而非各自区分的主体与客体。中国传统文化里强调一个重要的道理，即文化只是作为一个环节，本身要维持，也要创新。文化也可以说是出于一个个人生死的"差序格局"。人不会同时死，各人的生死是先后参差不齐的，但活着的与死去的有共同的文化联系。个人在一生中的立德、立功、立言，是非个人的，但却是出于个人作用而进入了文化体和社会体,因而不朽。文化如果不为社会所接受就留不下来,文化的沟通、传播靠语言,进而靠文字,语言也有规律,忘记了可以破译出来,得到复兴和再生。像考古学家做的工作,就是这种文化的破译和再生。文化有自己的历史,本身有历史的继承性,是有着自身的发展规律,体现在一般所说的"民族精神"上。强调历史,是希望通过个人的关怀来实现文化的关怀。祖宗和子孙之间是一个文化流,人的繁殖指的不仅是生物体的繁殖,也是文化的继替。

二

中国人从实践中获得对人在文化继替中获得社会性的看法,因而长期以来也成为中国人实践的内核。文献说"子以四教",就是说孔子在四个方面展开他的教学工作,包括:文、行、忠、信。"文"指历代文献,"行"指社会生活的实践,"忠"指对他人的忠诚,"信"指与人交际的信实。孔子说自己好古,"古"对他来说却不只是历史学意义上的史实考证,而是象征一个文明秩序的理想。在实践的一个层次上,这种文明秩序,具体表现在文、行、忠、信这四个人的教化的方面上,这四个字基本上也就体现了我说的文化的历史性与社会性。

孔子是一个伟大的思想家,他总结的,恰是这个在上古时代逐渐成形了的文化意义体系。在更高的一个层次上,文明秩序又特别表现为"礼"。"礼"这种东西，不等同于一般讲的法律和规则，它以"和为贵"，就是以做事的恰到好处为上。但"礼"并不是不讲规则，它本身是一种通过生活实践来造就的秩序，所以有"礼节"，就是做事的恰到好处的方式。"礼"当然是对个人自由的一种干预。可是，传统的中国人受到"礼"的节制，并没有像西方人那样觉得不愉快，而是想"小大由之"，通过大事小事对"礼节"的遵循，来成就以"义"为中心的君子社会。所以，以"礼"为中心的文化论，主张"克己"，就是抑制自己。孔子说，"一日克己复礼，天下归仁焉"。

从秦汉到清末，中国文化对于生活的阐释，一样深刻地影响到中国人的政治活动和社会治理。在上古时期，有"礼不下庶人"之说，那时的"礼的秩序"被看成是社会中的上层享受的文明程度。随着历史的发展，一代代知识分子对"礼"的这种社会局限性进行的反思，到宋明时期已将它改造成为一种可以"化人文"于天下的文明秩序了。生活在晚古时期的中国人定能知道，"礼""仁"等概念代表的那种文化论，已是赋予我们人和生活意义的观念，作为一种深潜在中国人日常生活中的文化，早已积淀成人们司空见惯了的生活方式了。生活在这种生活方式中的我们，如果没有暂时将自身纳入与其他文化的比较中去看待问题，对于这个生活方式中蕴涵的文化意义，恐怕不会有那么清晰的认识。

三

人们时常将现代化与传统文化当成相互矛盾的两方来看。其实,"文化自觉"正是在追求现代化的 100 多年的历史中开始产生的。

过去的 100 多年里,世界发生了重大的变化,在变化的世界中,我们面临原来很少遇到的问题。我在上次研讨会时说,经过"三级两跳",中国社会从乡土社会进入工业化社会,再从工业社会进入信息社会。所谓"信息社会",包含着人与人在"信息"间关系的根本变化。以电子产品为媒体,来传递和沟通信息,逐步改组工业生产、商业贸易,甚至组织政府的治理工作和全部社会生活,带来了对传统人文世界的猛烈冲击。从工业化到"信息化",都先发起在西方,与自然科学和技术的发展有着密切的关系。从 19 世纪到现在,过去我们所说的"现代化"这种现象和过程对整个世界的影响是巨大的。许多来自西方的人类学家承认,现代西方文明代表一种强大的历史断裂性,作为一种不断否定历史和生活的社会性的力量,作为一种被人类学家称作"热的""动态的"社会模式,冲击了许许多多像中国传统文化这种注重在历史的连续性中创造文化的"冷的""持续的"社会模式。

文化研究里提出的这种对世界人文秩序新变化的形容,应该说还是贴切的,它也能解释"热"与"冷"社会之间在相互比较中产生的自我认识。我这代人开始学习人类学和社会学时,西方知识界已经开始出现了一种站在西方的"他者"

立场上来反省西方现代文明的做法。我自己的老师之一马林诺斯基就曾写了不少论著，阐述他自己的文化论，基本上就是将不同的文化放在它们自己的生活世界里考察，否定19世纪古典人类学将非西方文化当成"落后文化"的做法。

马老师的文化论虽然也有它自己的局限性，但是却从一个值得我们继续思考的角度，提出了对世界范围内"主流的"西方现代文化的反省。产生于西方学院氛围内的功能论，难以彻底摆脱西方认识论的限制。马老师说，所有的文化都是满足人的需要的工具。这一论说，遭到了后来的人类学家的批评。批评者认为，这是工具主义文化论，意思是说，马老师采取的解释方式，正好符合西方文化的人与物、目的与工具的区分框架。如果说马老师的论著存在这样的问题，我也认为，这是在不自觉中造成的。他的本意，是要指出，影响、冲击、改变着整个世界的西方文化，不能简单地将自己当成惟一具有实际意义的文化形态，而人类学家的使命，就在于指出非西方文化中那些表面上与征服自然的目的距离甚远的形式，也是从当地的生活中陶冶出来的合理做法。可见，虽然有人指责马老师具有极端"反历史"倾向，但是他所反对的历史不是我上面说的历史继承性，而是在他的人类学出现以前大量的西方中心主义的"台阶式"历史观。从他的论著里，我看到一种对非西方人文世界的历史和现实作用的尊重。

马老师代表的一代人类学家，开创了西方"文化科学"的新时代，今天人们一般用"现代社会人类学派"这个概念来称呼那种具有鲜明的反对西方中心论态度的文化学派。这些年来，我在补课时重新阅读了一些书籍，写了不少札记，看到了西方人类学在过去数十年中逐步寻求文化良知是一种可贵的努力。然而，在这以前，情况却有所不同。

请允许我把时间推得比20世纪初期更早一些，来看看此前西方人对中国文化的评论。必须承认，在欧洲启蒙运动时期，欣赏中国文化，试图在中国文化中寻找欧洲文化革新的道路的知识分子是有的。可是，我们不能忘记，从18世纪开始，随着中西文化接触的增多，随着西方世界性扩张进程的展开，西方对东方的蔑视态度也变本加厉。在明代，来自欧洲的传教士要在中国文化的土壤上落脚，还要特别注意学习儒士的礼仪。即使是到了英国马戛尔尼使团在清初访问中国时，还要接受清朝皇帝的要求，屈膝表示"来朝"，并将自己纳入中国朝廷的"宾礼"来"朝贡"。到后来，西方人的这种"文化虚心"，随着他们的军事和经济实力的增强而锐减。罗马教廷从18世纪到19世纪一直怀疑中国人的"礼"是否符合文明社会的规则，在教廷内外展开频繁的"中国礼仪之争"，讨论中国祭祀祖先的礼仪是否符合教堂的规则。到了19世纪中叶以后，生物进化论在西方社会思想中逐步获得了支配地位。不少西方知识分子用生物学家在生物进化的历史研究中得出的结论，来给西方与非西方做文化的历史定位。这时，中国被列入"古代亚细亚社会形态"来研究，我们的文明被变成西方人认识人类的古代史的例证。在西方中国观的演变过程中，中国文化作为一个对象是变幻不定的，但演变有一个值得注意的轨迹：它从一个被基督教争论的"风俗体"，转变成了被社会科学家关注的长期停滞在"古代亚细亚社会形态"中的国度。

涉及中国的西方式东方学、世界史和社会科学研究，有些具有更多的人文学倾向，有些深受自然科学概念的影响，但它们的总体趋势是迫使中国文化面对一个被物和工具支配着的世界。从清末开始，维新运动在中国历史上冒了头。起初，引进西方文化，让我们的国人看到物和工具的重要性，是一个重要的步骤。那时比较流行的句子是"中学为体，西学为用"，士大夫还是"犹抱琵琶半遮面"地对待能补充中国文化的"用"。但思想的门户一旦打开，西方文化就势如破竹地冲破了重重障碍，到20世纪的前20年，逐步以德先生（民主）和赛先生（科学）的形象，在中国知识界得到广泛的接受以至推崇。

在上个世纪的上半叶，对中西文化的比较是中国知识分子热衷讨论的话题。有关中西文化的关系，出现了"全盘西化""文化守成论"及"折中论"等观点。但随着新学的推广，现代文化逐步在中国大地扎下了根。

四

我受的教育就是从当时的新制度里开始的，上的是所谓的"洋学堂"，它是针对科举制度下的私塾制度而设立的，是从西方国家经过日本传入的,它使我这一代人从童年起就接受学校教育,参与同代人的集体生活,读的课本也不再用旧的,如《论语》《孟子》这样的经典著作。我从上世纪30年代投身到学术领域里,进入社会人类学这门学科,特别留意自己的传统文化的走向,立志追随老师吴文藻先生,以引进西方社会人类学方法来创建中国社会学为志向,具体说就是用近代西方社会人类学的实证主义方法,注重从看得见、摸得着的客观存在的事物中探究文化的实质。

以我个人受到的教育而言,具有重引进西方文化的家学传统,后来学习西方式的社会人类学和社会学,积累成一种"务实求新"的习惯,采用的实证主义方法论,说到底反映了西方文化中对生物性的个人的重视。我从马林诺斯基老师那里学来的文化论,重视衣食住行的整个生活体系的研究,强调人力改造自然世界从而得来人文世界。这个文化论中所谓的"文化",就是"人为,为人"四个字,指文化是人创造出来为人服务的设施,而这里的"人"特别指看得见、摸得着的个人。在上个世纪前期,中国文化需要改革和发展,这是人类发展的规律所决定的,而且是在中国对外关系的摸索历史中逐步产生出来的。那时开始的文化变革的潮流,要"务实求新",重实际和创新,在文化价值论上补充了传统文化只重人不重物的缺憾,同时,与其他的潮流一道,特别强调"己"——即个人的自由度。

到今天我仍然相信,"务实求新"应是现代知识分子保持的志业。倘若从事社会科学研究的人不能从实际生活的参与中去观察,并从中延伸出自己的看法,对人类知识的积累有所贡献,那么,他的研究意义何在,我们就很难判断了。然而,"务实求新"者,却不能抛弃他本应重视的观察和认识方式的反思。就"人为,为人"的文化论来说,我看到它在抵制19世纪西方社会进化论的同时,舍弃了达尔文重视的人是自然世界的一部分的想法,将人与自然简单对立起来进行二分法的处理,用功利主义的态度将人与物完全区分开来,且将人定义为个人生物体而非历史和社会的存在。令人深感遗憾的是,这样一种缺乏人的文化历史性和社会性的观念,随着"全球化"步伐的迈进,已经扩散到世界各地,成为一种被认为是普遍的生活信念。

我个人对于"全球化"这个概念并不反感。人类终归是共同享有一个地球的,未来挑战人类的可能不是人类自己,而是太空。况且,"全球化"这个概念包含一个与以往的帝国主义支配不同的主张,它欢迎不同的文化来参与制订其趋势、影响其发展。然而,我们不能就此简单地认为,"全球化"是过去十几二十年里才兴起的,也不能简单地相信,这一潮流必将推出一个国家、民族、文化之间"美美与共"的"天下大同"局面。

"全球化"实际延续了自19世纪就已经开始的、广泛的世界性文化接触,而且接触中的各方力量仍是不平衡的。更重要的是,过去的100多年里发生的许多事件,本来应当引起处于优势的文化的自我反思,但那些实际上应让全世界的人们惊觉的事件,实际却没有引起各方的充分关注。同样遗憾的是，虽然在频繁的文化接触过程中，不同文化之间的差异，已在旅游业和一般的文化产业中得到尊重，整个世界的主流中，"天人合一论"的影响也越来越普遍而深入，但是在今天世界上那些"以暴易暴"的做法，还是在起着它们的作用，倍受具有"征服世界"野心的势力的青睐。在这样一个曾经被我形容为"世界性的战国时代"的20世纪，人被从狭小的社区中"解放"出来直接面对逐步强大的现代国家，这是从一种制约进入另一种制约的过程。我看，在21世纪里，人被从国家中"解放"出来而面对整个世界，也不能说是一个大飞跃。

地球上势力的不平衡，仍然还是人类在未来的漫长岁月里必须承受的负担。更值得关注的是，那种以"己"为中心来看待人，以"天人对立论"来看待世界的看法正在得到"全球化"。在这样一个时代，人文学和社会科学面对着一个新的挑战：怎样为确立文化关系的"礼的秩序"做出贡献？我仍然相信社会科学要"务实求新"，也相信在回答这个问题时，"务实求新"的追求能得到充分的表现。

五

这些年来，在重读旧著和补课学习的过程中，我意识到西方学科发展历程中存在着值得我们思考的问题。最近出版了一本我写的，书名为《师承·补课·治学》的书中有一篇文章,讲到派克老师如何成为社会学家和美国社会学是如何发展起来的。派克摸索追求社会学的"科学化",研究人同人的关系问题,这是第一次世界大战后的事情。美国对人与自然界的物的科学认识要早一步,物理、化学、生物科学,尤其是生物科学很发达,而那时人类学与社会学分不开,要研究人,再研究社会,再研究文化,文化的问题是人与物如何相处中发生出来的。大部分优秀的西方社会科学家认为,研究人不能将人的生物性、自然面与他的社会性和文化性割裂开来。然而,由于西方认识论长期坚持"天人对立"的看法,因此造成自然科学与社会科学的分离状态。于是,对面临着的问题,派克曾多次表示,社会学缺乏对于"符号"和"心灵"的研究,就不能成为科学。为什么当时的社会学缺乏派克有志于研究的那些东西呢?根本原因还是"天人对立"的看法在起作用。"天人对立论"造成人文社会科学发展的知识门类的割裂状态。新一代的社会理论家已经意识到,19世纪以来,被割裂了的人文社会科学知识与西方国家的内部治理及国际政治有着密切关系,它的两个重要特点,一个是知识的学科化,一个是理论的"西方中心论"。他们还看到,要想克服人文社会科学自我局限和"西方中心论",需要大大地依赖于综合性的文化论和复杂理论的发展。

在西方社会科学发展的历史过程中,自然科学从研究物当中提出的概念,长期以来支配着社会科学的研究。最早的西方社会学,被称作"Social Physics",意思就是所谓的"社会物理学",就是要运用物理学的办法来研究人文世界。

像今天仍被广泛采用的"结构"一词,就与物理学有着密切关系。从19世纪以来,生物学也不断地在人的研究中占据了主要地位。在人类学中,体质人类学的研究对生物学以至遗传学原理的搬用,是广为人知的。在社会和文化的研究中,像"社会肌体""文化肌体"等概念也曾充斥西方学界的论述。我不反对自然科学原理在社会科学研究中的运用,我的意思无非是说,在西方社会科学研究里,这样长久地用研究物的办法来研究人,有它的文化的历史基础。我说过,"物尽其用"是西方文化的关键词。听起来"物尽其用"这句话给我们一种特别的人本主义的感觉,因为其中的主体是人,客体是物。实际上,正是在这样的主客分离的关系中,西方认识论片面地强调了人与自然的对立。如果说马林诺斯基老师的文化论有什么问题,那么,问题也正是在将人与服务于人的物(工具)对立起来。

随着西方文化对世界影响的增强,在日益现代化的今天,以"天人对立"的世界观来认识人及其生活,对人的生存方式产生着越来越大的影响。与此同时,在人类进入21世纪时,世界碰到了文化融合问题,不同的文化要碰头了。在文化的碰头会上,不同的文化如何保留自己的特点同时开拓与其他文化相处之道,这个问题需要引起更广泛的关注。在过去100年的历史进程中,我们对自己文化的认识和把握,不能说不存在问题。在现代化的过程中,失去对自己文化的信心,并因此对时势做出与民族利益相矛盾的判断与选择,是必须引起我们关注的大问题。这个仍然属于文化研究范围的大问题,在东西文化接触后就出现了,是在清朝末年中国与西方文化接触后明确地提出来的。

六

在新的世纪里,许多切合实际的问题提出来了,但是需要更多的人关注和研究。我希望新的一代人能继续接好接力棒,这不是一代人的事情,而是需要两三代人的努力。从孔子到秦汉以来,我们忘了"物",从清末开始,却逐步出现"见物不见人"的趋势。在21世纪里,时代需要一种重视人与物结合的人文思想。在过去的10年里,我花了一些精力来思考这个问题,提出了一点一己之见,在这里再次提出,希望得到大家的讨论。

1993年我在第四届"现代化与中国文化研讨会"上发表了《个人·群体·社会》一文,以我一生的学术经历对这个问题做了理论上的反思。我列举了对"社会"的两种不同看法:一种是把社会看作众多个人的集合,活生生的生物人是构成群体的实体,一切群体所创制的行为规范,以及其他所谓"文化"等一切人为的东西都是服务于个人的手段;另一种看法却认为群体固然是由个人聚合而成,但是形成了群体的个人,已不仅是一个个生物体,或称一群生物人,而且还是一个有组织的群体里的社会成员,或称社会人。生物人是社会的载体,而社会本身才是实体。

后面这种把社会看成是比生物群体高一层次的实体和前面那种只把社会看成是个人在群体中学得生活手段，理论上说是两种不同的看法。我在生活和研究实践中接触到了这两种看法，并且在不同时期有过不同的体验和认识，但一直没有机会做系统的思考。1993年那次"自我思考"相当于自己一生学术研究思想的阶段性总结。我在文章最后谈到了对潘光旦先生"中和位育"的新人文思想的归纳，表明了我现在的看法。这我在上面已经谈到。当时这一认识使我进一步强调社区研究必须提高一步，不仅要看到"社会结构"，而且还要看到群体中活生生的人，也就是我指出的心态研究。同时我想到我们中国世世代代这么多人群住在这块土地上，经历了这么长的历史，在人和人"中和位育"的故训指导下应当有着丰富的经验，这些经验不仅保留在前人留下的文章里，而且还应当保存在当前人的相处的现实生活中，应当好好地发掘和总结。

1995年我在北京大学社会学人类学研究所主办的"社会文化人类学高级研讨班"上发表了《从马林诺斯基老师学习文化论》的讲稿，在讲稿里我着重指出马老师的《文化论》中我认为比较重要的观点。把文化看成是一个由人类自己对自然世界加工创造出来为人类继续生活和繁殖的人文世界，是马老师文化论中的一个基本见解。人是自然的产物。人这个自然的产物通过对其他自然产物的加工，制造成了个人文世界。这个加过工的世界虽然和原来未加过工的自然面貌有所不同，但仍是自然的一部分。我觉得马老师对文化的基本看法实质上是和达尔文的生物进化论一脉相承。其重要之点就在把文化和自然的"缺环"连接上了。这就是把文化作为物质、社会和精神结合一体的基本看法。把人文世界拉回到自然世界，成了个能实证的实体。我在文中也谈到这个文化论的观点在我们东方早就有了。

与马老师齐名的人类学大师拉德克利夫－布朗曾说，社会学的老祖应当是中国的荀子，他提醒我们，在我国的传统文化里有着重视人文世界的根子。这位自称为社会学家的人类学家认为，人文世界中最大的创造是社会，而这一点在古老的中国传统里头已经得到充分的论证。从一方面看，拉德克利夫—布朗在引用荀子的论述中，让社会人类学进一步接近了我这里说的文化的社会性。但是从另一方面看，他本人时常引用"结构"这个概念来形容社会，也不自觉地沿用了"社会物理学"的做法，只是在后来论述"礼仪"时，更多地采纳了中国文化的观点，但不够系统。

西方文化从重视自然世界的这一方向发生了技术革命，称霸了300多年。人文世界必须要依托自然世界，那是不错的。但是，只看见自然世界而看不到人文世界是危险的。为了说明这个观点，1997年我在北京大学社会学人类学研究所主办的"第二届社会文化人类学高级研讨班"上提出了"文化自觉"的看法。我感到"文化自觉"是当今世界共同的时代要求，它并不是哪一个个人的主观空想。有志于研究社会和文化的学者对当前形式提出的急迫问题自然会特别关注，所以我到了耄耋之年，还要呼吁"文化自觉"，希望能引起大家的重视，用实证的态度，实事求是的精神来认识我们有悠久历史的文化。不重视历史的后果在人类进入21世纪时已经得到教训。

文化自觉是指生活在一定文化中的人对其文化有"自知之明"，明白它的来历、形成过程、所具有的特色和它的发展趋向，不带任何"文化回归"的意思，不是要"复旧"，同时也不主张"全盘西化"或"全盘他化"。自知之明是为了加强对文化转型的自主能力，取得决定适应新环境、新时代对文化选择的自主地位。文化自觉是一个艰巨的过程，首先要认识自己的文化，理解所接触到的多种文化，才有条件在这个正在形成中的多元文化的世界里确立自己的位置，经过自主的适应，和其他文化一起，取长补短，共同建立一个有共同认可的基本秩序和一套与各种文化能和平共处、各抒所长、联手发展的条件。

"文化自觉"这个概念，表达我的一个愿望，是我一直想认识的中国文化的特点。要认识和把握自己文化的特点，就要考察我们文化中的"天人观"的独特性及其对世界上不同文化的和平共处可能做出的贡献。去年我在南京大学百年校庆时发表《文化论中人与自然关系的再认识》一文，说到东西方的"天人观"存在着重大分歧。西方的"天人对立论"在当今世界上与利己主义的文化价值观结合，对全球的大众生活产生了深刻影响。从以往的历史看，这种观点曾在西方文化取得世界文化领先地位的事业中立过功，在许多非西方民族的现代化建设中也曾起到推动作用。但是到了目前，我担心它走上了另外一个方向，如导致生态问题和文化关系的紧张等。我个人认为西方文化在强调人利用自然这一点上是有别于东方文化的，这个差别同时也折射出中国"天人合一"传统精神的重要性。我没有上过私塾，后来对东方文化也缺乏基本的训练。90岁以后才开始补课，其中列入补习范围的有中国文化史。这门艰深的学问对我来说十分陌生。我在开始注意到它之前将近半个世纪里，采纳的学术研究方法是西方实证主义的社区调查方法。上世纪90年代开始"反思"，逐步发现来自社会人类学功能学派文化论的民族志方法，使我认识到我没有达到马林诺斯基老师对我提出的"文明社会的人类学"的期望。为了补上"文明"这一课，我补读了一些社会学理论，也初步涉猎了文化史论著，注意到我故乡邻县无锡出生的钱穆先生的著作，特别是他对儒学和东西方文化差异的论述，觉得这些著作对我关于"文化自觉"的思考有许多帮助。

我的意思不是说，人类学和社会学的研究者都要像我那样到这把年纪才补学文化史。但是我确实在这当中看到了西方社会科学长期采纳的"天人对立论"所缺乏的因素。中国文化传统里尤其推重"太极"之说，意思大致就是指"天人合一"的终极状态，是二合为一的基本公式。我们一向反对无止境地用"物尽其用"的态度来看待人与自然的关系，而主张像潘光旦先生论述的"中和位育"那样在自然、历史和社会中找到适合人的位子。中国文化中的这种"中庸之道"，追求一而二、二而一，哲学上虽难于到家，实际与儒家的"大同"论也能融会贯通。我一直相信,这一有别于西方"天人对立论"的观点,会有助于"全球化"时代文化的多元化,有助于防止人类在文化冲撞中同归于尽。

人文社会科学的发展,在今后二三十年要面对一个新的时代。在全世界范围内,尊重人文社会科学的成就和科学地位,对自然科学和技术的研究成果及影响进行人文社会科学的考察成为潮流。这些年来,一系列世界性的事件表明,自然科学如何服务于人类,这个问题需要人文社会科学家的思考。并不是说我们不要自然科学,我的意思无非是说,在21世纪里,那种曾经产生广泛影响的、西方中心的"天人对立论",有必要也有可能得到纠正,而在这个反思的过程中,中国文化的研究者也要承担起自己的新责任。

2003 年 11 月

"美美与共"和人类文明[1]

一、文明的话题

探讨全球化和不同文明之间的关系,不是一个新话题,也不是一个新现象。今天我们经常说的"全球化",其渊源可以追溯到19世纪西方(主要是英国)主导的世界各地不同文化之间的广泛接触和交往。对这种广义的全球化趋势的关注与研究,也是从19世纪开始的,比如卡尔·马克思就关注过资本主义全球扩张和原始积累的过程。关于这方面问题的探索,一直是社会学、人类学、民族学等诸多社会科学研究的重要领域。

这种对于全球化、文明、文化的研究,不仅仅是一种纯知识性的探索,它已经成了解决人们面临的严峻问题的一门科学。当今世界上不同的国家、民族、宗教之间的各种交融和冲突屡见不鲜,全球化造成的矛盾和问题,对我们构成了多种多样的挑战,对此,国际学术界和思想界做出了种种反应。我本人近年来对"天人对立论""文明冲突

---

[1] 本文是作者在2004年8月"北京论坛"上所做的书面发言。——编者

论"等思潮的评论，就是对目前世界上发生的一些问题所发表的意见。

当今世界上，还没有一种思想或意识形态能够明确地、圆满地、有说服力地回答我们所面临的，关于不同文明之间该如何相处的问题。不管是社会经济高度"发达国家"，还是大多数"发展中国家"，在这个问题上，都同样受到严峻的挑战。这不是哪个单一的国家、民族或文明遇到的问题，而是一个全人类都要共同解决的问题。全球化的特点之一，就是各种"问题"的全球化。

二、时代的呼唤

近二三百年来，西方思想在世界学术界起着主导作用，但在面对全球问题的时候，西方的一些基本思路，出现了很大的局限性，在解决某些问题的同时，又引发出一些新的矛盾。比如，近百年来，随着西方强势文化的扩张，"自我中心主义"在一些人的头脑里大大地膨胀起来，"西方至上主义""殖民主义""极端国家民族主义"和"种族主义"等等思潮，成了上世纪两次世界大战的催化剂，也是造成很多国际性问题的重要原因。时至今日，世界上极端主义和以暴制暴所造成的种种事端，依然摆脱不掉"以我为中心"的影子。

因此，我觉得要更好地理解今天世界上出现的问题，寻求解决全球化与不同文明之间的关系，就必须超越现有的一些思路，在一个更高的层次上重新构建自我文明和他人文明的认识，只有当不同族群、民族、国家以及各种不同文明，达到了某些新的共识，世界才可能出现一个相对安定祥和的局面，这是全球化进程中不可回避的一个挑战。

要认真深入地对这些问题进行研究，必然会碰到诸如文化、文明、人性、族群性等基本概念，会涉及认识论和方法论这样更高层次的问题。比如在探讨文化交流时，常会牵扯到对文化的基本定义；在对各种文明基础和特质进行研究时，也要谈到关于"人""人性"这些更基本的问题。事实上，很多人文学科的研究，比如人类学者对文化、传统的理解；社会学对社会群体结构的理论；民族学对族群性的解释等等，都可为我们提供很好的思路，对我们有很大启发。

我提及这方面的话题，并不是说我已经有了某种结论，而是希望我们在探讨、研究问题时，要把眼光放开、放远一些，思路变得灵活、广泛一些，不要总局限在一些常识性的、常规性的和偏狭的框框里。在探索关系人类文明这样一个宏大的、长远的课题时，我们的思想要有与之相适应的、博大的包容性和历史的纵深感，要充分利用全人类的智慧，发挥多学科、跨学科的优势来进行研究。

人类每逢重大的历史转折时期，就会出现各种各样的所谓"圣贤"，其实，这些"圣贤"就是那个时代所需要的，具有博大、深邃、广阔的新思路和新人文理念的代表人物。我曾经把当今的世界局势比作一个新的战国时代，这个时代又在呼唤具有孔子那样思想境界的人物。我确实已经"听"到了这种时代的呼唤。当然,今天的"圣贤",不大可能是由某一种文明或某一个人物来担当。他应该,而且必然是各种文明交流融合的结晶,是全体人类"合力"的体现。

近年来,在讨论全球化这个话题的时候,我多次提到"和而不同"的概念。这个概念不是我发明的,它是中国传统文化中的一个重要核心。这种"和而不同"的状态,是一种非常高的境界,它是人们的理想。但是要让地球上的各种文明,各个民族、族群的亿万民众,都能认同和贯彻这个理想,决不是一件轻而易举的事。为此,我们还有很长的路要走,还要付出沉重的代价。

我还提出了"文化自觉"。什么是文化自觉?简单地说,就是每个文明中的人对自己的文明进行反省,做到有"自知之明"。这样,人们就会更理智一些,从而摆脱各种无意义的冲动和盲目的举动。

后来,我又进一步提出"各美其美,美人之美,美美与共,天下大同"的设想。这几句话表达了我对未来的理想,同时也说出了要实现这一理想的手段。我认为,如果人们真的做到"美美与共",也就是在欣赏本民族文明的同时,也能欣赏、尊重其他民族的文明,那么,地球上不同文化、不同民族、不同国家之间就达到了一种和谐,就会出现持久而稳定的"和而不同"。

三、经验性研究

研究文化和文明问题,可以有多种不同的视角和方法,不同的视角和方法之间可以互相支持和取长补短。作为一名从事实地调查研究的社会工作者,我想借此机会,谈一谈我在对全球化和文化、文明的关系的研究中所采用的方法和体会。

我的学术生涯,大约是70年前从广西大瑶山开始的,那次人类学和民族学的田野调查的研究方法(用今天的话说,就是"理论和实际相结合"的方法),对我一生学术研究产生了决定性的影响,成了我后来学术研究的基本手段。

我提出这个问题,是想提醒大家在关注探讨全球化和文明的问题时,如何拓展我们的研究方法。今天,世界上发生了许多新的问题和现象,这些问题和现象,都是由于不同文化的相互接触、碰撞、融合而产生的,没有现成的答案可以解决。也就是说,用原有的思维逻辑,原有的研究方法来解决现在的问题已经不行了。要想找到解决问题的方法,就要回到现实社会生活中去,扎扎实实地做实地调查。要超越旧的各种刻板的印象(stereotype)和判断,搞清楚各种文明中的人们的社会生活,并以此为基础(而不是以某种意识形态体系为基础)来构建人类跨文明的共同的理念。这种研究的难点,在于研究者必须摆脱各种成见,敞开胸怀,以开阔的视角,超越自己文化固有的思维模式,来深入观察和领悟其他族群的文化、文明。在跨文化的交流和沟通中,构建起新的更广博的知识体系。

为什么必须要到现实生活中去调查呢？因为人类社会是复杂的、多样性的，又是多变的、富于创造性的，它决不是只有单一文化背景和有限知识和经验的研究者能够想象和包容得了的。所以，研究者必须深入到你要了解的"他人"的生活中去观察、研究。从某种意义上说，这种实地调查的方法，也反映出研究者的一种心态，就是你是不是真正要去理解、接受"他人"的文化、文明，这种心态正是今天不同文明之间交流的一个关键。深入到"异文化"中去做调查，努力学习"他人"的语言、传统，入乡随俗，适应他们的生活方式，做到设身处地地用当地人的眼光来看待周围的事物……这本身就是对"异文化"的尊重和对"异文化"开放的心态。如果连这种最基本的平等态度都没有，还谈什么交流和沟通。

可以说，在我的学术生涯中，我一直试图坚持走实地调查这条路。当我七十岁获得"第二次学术生命"时，虽然已经不可能像年轻时那样，长期地、深入地去观察某一个具体的社区或社会现象，但是，我仍然不懈地"行行重行行"，每年要安排三分之一以上的时间到各地做实地考察，这种实地考察使我受益匪浅。

四、心态和价值观

从学术史上说，这种实地考察的实证主义，是我在英国留学时的导师马林诺斯基在上个世纪初提出的。1914年—1918年间，马老师通过在西太平洋Trobriand岛上参与和观察当地土人的生活，从而总结出一套行之有效的研究方法，构建了人类学功能学派的理论基础。他的这一贡献与其说是学术上的，不如说是人文价值上的，因为长期以来，西方学术界流行的是以西方为中心的社会进化论思潮，把殖民地上的人民看成是和白人性质上不同、"未开化"的"野蛮人"。马老师却号召人类学者到那些一直被认为是非我族类、不够为"人"的原始社会里去参与、观察和体验那里人的生活。马老师使这些"化外之民"恢复了做人的地位和尊严。

在马老师强调和提倡田野工作之前，即使像弗雷泽这样的人类学大师在搞研究工作时，也主要是依靠查阅各种游记、笔记、文献资料。这种大量利用间接观察、间接记录、多手转达的方法，很容易因为观察者视角不一致、信息不连续和不完整，使研究者做出错误的解释和结论。实地调查能够促使研究者深入到"社会生活"中去"参与观察"，使"人类学走出书斋"，取得超越前人的成绩。

要进行跨文化的观察体验，还必须具有一种跨越文化偏见的心态。由某一种文化教化出来的人，因为对"他文化"不习惯，出现这样那样的误解、曲解，对"他文化"产生偏见，应该说是一种正常的现象。但作为一个研究者，则必须具备更高的见识、更强的领悟力，能够抛弃这种偏见。我特别提到一个"悟"字，这个字在跨文化的研究中显得特别重要，它不仅要求研究者全身心地投入到被研究者的生活当中，乃至他们的思想中，能设身处地地像他们一样思考；同时，又要求研究者能冷静、超然地去观察周围发生的一切。在一种"进得去，出得来"的心态下，去真正体验我们要了解的"跨文化"的感受。我认为，在讨论全球化和不同文明之间的关系时，具体的研究方法等技术因素，并不是最重要的，最要紧的还是研究者的心态。

其实，我们平时常说的"凡事不要光想着自己，要想到人家"这句话，就很通俗地说出了在研究跨文化时所要持有的心态。这句话是中国人一个传统的、十分重要的为人处世的原则，类似的"原则"在老百姓中间流传的还有很多。我想这些"原则"应该是我们中华民族在形成多元一体格局的历史进程中，融汇百川，不同文明兼收并蓄而积累下来的宝贵经验，这些经验或许能够对我们社会研究工作者提供有益的帮助。

培养这种良好的跨文化交流心态，是提高每个社会工作者人文修养的一门必修课，应该把这方面素质的提高，作为对社会学专业学生的基本要求。如果再扩大一些，我们能在一般民众中也推行这方面的宣传教育，其结果，必然能够增进不同文明中普通成员之间的良好沟通、交流和理解。如果这种沟通、交流和理解能够有广泛的群众基础，那么，今天世界上诸多民族和文明之间的矛盾、偏见、冲突以及冤冤相报、以暴制暴等等就有了化解和消除的希望。

五、交融中的文明

近几百年来,西方文化一直处于强势地位,造成了其社会中某些势力的自我膨胀,产生了殖民主义、种族主义、极端民族主义、文化沙文主义、单线进化论等形形色色的自我中心主义的思潮。但与此同时,在西方学术界,也出现了像马林诺斯基这样的,对西方文化中自我中心主义思潮进行反思和反制的学术流派。这种反思,可以说就是"文化自觉"的一个表现。然而直到今天,西方社会中各种势力和学术界各派别之间,仍然存在着巨大的分歧和激烈的较量。从另一方面看,非西方的各种文明,在经历了几百年的殖民主义、世界大战、冷战、民族解放运动等等磨炼后,其社会成员的思想和心理都起了十分复杂的变化,产生了多种多样的社会思潮,其中不乏与"西方至上主义"相对立甚至相对抗的思潮。这个状况,被一些人称作是"文明的冲突",这种冲突已经影响到了今天的世界局势。目前所谓的"恐怖主义"和"反恐斗争",就是这种"冲突"的表现之一。

几百年来,主导世界的西方文化大量地传播到其他文明中,随着时间推移,世界已经越来越紧密地联系在一起,这种传播也变得越来越快了。然而,文化交流是双向的,在西方文化快速传播的同时,西方社会也大量地汲取了其他文明的文化,而且这种文化上的交融,每时每刻都在发生着。这些被吸收的"异文化",经过"消化""改造"之后,成了各自文明中新的、属于自己的内容,并从宗教、政治和意识形态等方面反映出来。可以说，今天世界上不同文明之间已经是"你中有我，我中有你"。今日之世界文明，已非昔日历史文献、经典书籍中所描绘的那种"纯粹"的传统文明了。因此，我们必须改变过去概念化的、抽象的、刻板的思维方式，以一种动态的、综合的、多层面的眼光，来看待当今世界上不同文化和文明之间的关系。

六、中华文明的启迪

作为非西方文明主要代表之一的中国，长期以来遭受殖民主义、帝国主义的欺压，为了民族生存，中国人民前仆后继、英勇斗争，终于捍卫了自己的主权和独立。长期的遭受屈辱，不断的奋起抗争，如今昂首屹立在世界上的经历，对中华民族面对全球化时的心态，必然会产生巨大的影响，尤其是当中国的综合实力和国际地位不断提高的时候，我们更应该加强"文化自觉"的反思，使我们能够清醒地认识到自己的状况，摆正在世界上的位置。

"文化自觉"的含义应该包括了对自身文明和他人文明的反思。对自身的反思往往有助于理解不同文明之间的关系。因为世界上不论哪种文明，无不由多个族群的不同文化融会而成。尽管我们在这些族群的远古神话里，可以看到他们不约而同地在强调自己文化的"纯正性"，但严肃的学术研究表明，各种文明几乎无一例外是以"多元一体"这样一个基本形态构建而成的。上个世纪80年代末,我总结了多年来研究的心得,提出了"中华民族多元一体格局"的观点,试图阐明中华民族这个由56个民族组成的实体形成的过程。

在我们探讨全球化和不同文明之间的关系的时候,中华民族的"多元一体格局"给了我们一些启示。我们知道,古代中国人的眼里,"中国"就是"天下",也就是被看作是一个"世界"。所以中国人常说的"分久必合,合久必分",并不是现代西方人所指的一个"民族国家"的"统一"或"分裂"(比如南北朝鲜、东西德国),而是一种"世界"的分崩离析和重归"大一统"。纵观中国几千年的历史,分分合合,纷争不断,但是从"多元"走向"一体"的大趋势是整个历史发展的主线,而且即使是在"统一"的时期,统治者在政治制度、宗教信仰、经济形态等方面,仍然允许在某些地区、某一阶层、某种行业中保持它的特殊性。古代中国这种分散的多中心的局面,究竟是因为怎样的内在机制、怎样的文化基础和思想基础才得以存在?这样"和而不同"的局面有什么优势和劣势?在中国传统文化中,哪些要素在这里边起了什么作用?古代的中国人究竟是怀有怎样的一种人文价值和心态,才能包容四海之内如此众多的族群和观念迥异的不同文化,建立起一个"多元一体格局"的中国!这些都是值得我们深刻思考和努力研究的问题。

中华民族在漫长的"分分合合"的历程中,终于由许许多多分散孤立存在的族群,形成了一个"你来我去、我来你去,我中有你、你中有我,而又各具个性的多元一体"。所以，在中华文明中我们可以处处体会到那种多样和统一的辩证关系。比如早在公元前，号称"诸子百家"的战国时期，出了那么多思想家，创立了那么多学说，后来为什么会"独尊儒术"，能够"统一"？儒家学说中又有什么东西使它成为一种联结各个不同族群、不同地域文化的纽带，从而维系和发展了中华民族的多元一体格局？还有，许许多多的族群在融入以"汉人"为主体的大家庭时，是以一个怎样的机制，使原本属于某一族群的文化，发展成由大家"共享"的文化？我们都知道，不同的宗教信仰之间怎样"友好共处"，是一个比较复杂、棘手的问题，但是在中国历史上也有成功解决的范例。比如古代犹太人在中国的经历，就是一个例子。人们通常认为犹太民族是一个宗教观念非常强烈的群体，但是在中国这样一个相对宽松的传统文化氛围里，在中国的犹太人，逐步融合到中国的社会中，没有发生像在西方社会，犹太人由于受到压制而不断强化民族宗教意识，甚至发生冲突的现象。还有在辽、金、元、清的时候，统治者在不同民族、不同族群的地区，实行不同的行政制度，因地制宜，顺应当地民众的传统文化、信仰和习俗来进行统治。但是，这种"顺应"又都统一在更高一层的"国"的框架之内。

这些例子，说明中华文明的结构和机制，在漫长的岁月中，经过一代代先人在实践中的不断探索、积累、完善，已经形成了一套相当成熟的协调模式。它充分体现了古人高度的政治智慧和中华民族深厚的文化底蕴。时至今日，在我们的生活实践中实施的"民族区域自治""一国两制"等政治制度，无不缘于厚重的中华传统文化。

中华文明有着悠久的历史和深厚的内涵，也有与"异文化"交流的丰富经验。我相信，在今后中国越来越广泛、深入地融入世界的过程中，一定能为重构全球化和不同文明之间的关系做出应有的贡献。

七、跨文化研究的人文属性

人们常常把世界上不同文明之间如何相处的问题，看成是国与国、民族与民族之间政治、军事、综合国力等方面的比较，像是在做一种"力学"关系的分析。这样的分析不能说没有道理，但是不全面，因为文明、文化都是关于"人"的事情，所以要搞清楚还得从"人"入手。

文明、文化都是抽象的概念，它们之间的关系，不同于一般社会群体、社会组织这样的实体之间的关系。但是人们常常有一种倾向，遇到文明、文化之间的问题的时候，会不自觉地把它当作社会实体之间的问题来处理。要知道，文明和文化是具有浓厚情感、心理、习俗、信仰等非理性的特征，它们之间的关系也不是靠简单的逻辑论证、辩论、讲道理就能解决的。我们大约都有过在处理涉及感情、心理、习俗等等这些问题时，讲不清道理的经历。所以，在处理跨文明关系、跨文化交流这样更复杂、更微妙的人文活动时，就要求我们运用一套特殊的方法和原则，最大限度地注意到"人文关怀"和"主体感受"。这是一项涉及历史、文化、传统、习俗、文学、艺术等诸多领域里的,以"人"为中心的系统工程。

在对跨文化的研究中,理解"人",理解人的生物性、文化性、社会性,人的思想、意识、知识、体验以及个人和群体之间微妙、复杂的辩证关系等等都是至关重要的。因为,人的上述特性通过交流、传播和传承,可以成为群体共有的精神和心理财富,并在这一群体里"保存"下来,达到"不朽",成为"文化"的一部分。同样的道理,不同文明、不同文化的人们之间,也存在着这种交流、传播和传承。

从总体上说,人类文明的多样性,是各个文明得以"不朽"的最可靠的保证。一种文明、文化,只有融入更为丰富、更为多样的世界文明中,才能保证自己的生存。人们常说,"只有民族的,才是世界的",这是不错的;反过来说,只有世界的,才是民族的,才能使这个民族的文化长盛不衰,也很有道理。所以,文化上的唯我独尊、故步自封,对其他文明视而不见,都不是文明的生存之道。只有交流、理解、共享、融合,才是世界文明共存共荣的根本出路。不论是"强势文明"还是"弱势文明",这是惟一的出路。

探讨文明和文化问题,不可避免地要涉及价值观和信仰,而这些又极容易转变成感情和心理因素,然而在科学研究中,一旦掺杂了这些因素,就会产生巨大的阻力,这是我们从事族群、民族、宗教研究的社会科学工作者都遇到过的问题,因此,必须构建一种超越常规的理念。我们不提倡用某一种文明的意识形态、价值观念来解决不同文明之间的问题，因为用一种文明的"标准"去评判另一种文明，不管这种做法"对不对"，实际上会让人感觉到这样做"好不好"。由于不同文明之间人们的认知体系有差别，所以不同文明的人，对同一个问题的看法，常常会变得不是"是"与"非"，而成了"好"与"坏"了。我觉得，不管出于什么动机，强迫别人接受一种本来不属于他们的价值观，这种做法，本身就含有欺压和侮辱人的性质。

不同文明之间的交往，"内容"常常会退居到次要的地位，而"形式"会上升为主要的东西。我说的"形式"，不是科学主义说的那种可以忽略的、外在的、表面化的形式，而是人类学中所指的"仪式""象征"，也即是"意义"。它在一种文明、一种文化里起着很重要的作用，甚至是生死攸关的作用。不同文明之间的矛盾，是不能简单地按照经济或功利的原则来解释的。中国古代有"不食周粟""苏武牧羊"的故事，这些故事说明，文明、文化的交往决不是简单的商品交易，一个族群、一种文化，不是物质利益就能收买，也不是强力所能压服的。

当前世界上某些人，常常有意无意地把不同文明、文化之间的关系，直接与国家或民族利益挂钩，这是一种加大，甚至是激化不同文明之间误解和矛盾的做法。这些人在大谈"国家利益"的时候，手里不断挥舞着文明、文化的旗号，把赤裸裸的为"一国谋利益"的做法，装扮成捍卫"某某文明"的"义举"；把具体的国家利益之争，混淆成不同文明之间的争斗。当然，从广义上讲，文化价值也包含在"利益"之中。但它们并不是简单地连接在一起的，这种随意的联系，是不成熟、不理智、不准确、不负责任的表现。犹如我们不能把美国的国家利益，等同于基督教文明的利益，也不能把中国的国家利益，说成是儒家文明的利益。

我们认为，国家利益可以"一事一议"，好像谈生意那样，通过理性的协商来解决。如果把这种事情上升到文明、文化的层次里，就会变成充满感情和心理因素的、非理性的问题。

一个国家不能自命为某一种文明的代表或化身，说成是某文明的卫士；各种政治集团也不该盗用文明、文化的名义，制造民粹运动来为自己的政治利益服务。这种夹杂着经济和政治目的的"国家利益"，会大大歪曲不同文明之间关系的本质，造成恶劣的结果。

八、美美与共

从历史和现实中可以看到，要想处理好不同文明之间的关系，首要的条件应该是各自能够保持一种平和、谦逊的心态，就是中国古人所谓的"君子之风"。

前几年，我提出了"各美其美、美人之美、美美与共、天下大同"的设想，这是我的心愿。要想实现这几句话，还要走很长的路，甚至要付出沉重的代价。比如要做到"各美其美、美人之美"，也就是各种文明教化的人，不仅欣赏本民族的文化，还要发自内心地欣赏异民族的文化；做到不以本民族文化的标准，去评判异民族文化的"优劣"，断定什么是"糟粕"，什么是"精华"。

要达到这样的境界并不容易，比如当今世界上许多发展中国家，历史上大多遭受过西方殖民主义的欺凌，这些国家的民众，由于受一种被扭曲的心理的影响，容易产生两种截然相反的倾向：一种是妄自菲薄，盲目崇拜西方；一种是闭关排外，甚至极端仇视西方。目前，这种仇视西方的状况似乎已经酝酿成一股社会潮流。从另一方面说，作为强势文明的发达国家，容易妄自尊大，热衷于搞"传教"，一股脑地推销自己的"文明"，其实这样做会蒙住自己的耳目，成了不了解世界大势的井底之蛙。中国的历史上，也出现过"盲目崇拜"和"闭关排外"的现象。希望今天的中国学术界，能够彻底抛弃妄自菲薄、盲目崇拜西方或者妄自尊大、闭关排外的心理。

中华文明经历了几千年，积聚了无数先人的聪明智慧和宝贵经验，我想我们今天尤其需要下大力气学习、研究和总结。面对今天这种"信息爆炸"、形形色色"异文化"纷至沓来的时代，我们需认真思考怎么办？全盘接受、盲目排斥都不是好的办法，我们应该用一种理智的、稳健的，不是轻率的、情绪化的心态来"欣赏"它。要知道，不论哪种文明，都不是完美无缺的，都有精华和糟粕，所以对涌进来的异文化我们既要"理解"，又要有所"选择"。这就是我说的

"各美其美、美人之美、美美与共"。

中国历史上有过这样的例子。唐朝的时候,国家昌盛、经济发达、文化繁荣,引起了邻国日本的关注,派人来学习,与唐朝建立了友好关系。他们把唐朝好的东西带回去,丰富了自己的文化。这段历史表明,当时的日本人是很有"鉴赏力"的,善于"美人之美",因此获得了很多文化资源,达到了"双赢"的结果。

当今地球上的人类,应该比古代人具有更广阔的胸怀、更远大的目光,对于不同文化有更高的鉴赏力,拥有一个与不同文明和睦相处的良好心态。在这方面,我们的先辈留下了许多包含了深刻哲理的宝贵经验。比如孔子说:"己所不欲,勿施于人",强调的是人们"不应该做什么",而不是要求人们"应该做什么";又如"修己而不责人""退一步海阔天空"等等这样的格言,都包含了克己、忍耐、收敛的意思。这些都是在中华民族多元一体格局形成的漫长岁月中,逐渐发展起来的中国人特有的一套哲学思想。

为了人类能够生活在一个"和而不同"的世界上,从现在起就必须提倡在审美的、人文的层次上,在人们的社会活动中树立起一个"美美与共"的文化心态,这是人们思想观念上的一场深刻大变革,它可能与当前世界上很多人习惯的思维模式和行为方式相抵触。在这场变革中,一定会因为不被理解而引起一些人的非议甚至抵制,特别是当触动到某些集团的利益的时候,可能还会受到猛烈的攻击。但是,当我们看到人类前进的步伐已经迈上全球化、信息化的道路,已经到了一个必须尽快解决全球化和人类不同文明如何相得益彰、共同繁荣的紧要关头，这些抵制和攻击又算得了什么。

九、博采众家之长

当我们探讨和研究不同文明如何相处的时候，必须充分了解和借鉴世界上各种文明，做到博采众长、开阔胸怀、拓宽思路、启迪灵感。中国的社会科学工作者在探讨、研究中华文明的时候，也要认真地理解和研究世界上其他文明的文化，要"美人之美"。

近年来，"欧盟"的统一进程引起了人们的关注。欧洲的社会经济发展，一直在世界上扮演着"领跑者"的角色，所以欧盟的统一，可以看作是在全球化背景和现代社会条件下，欧洲不同文明、不同文化的国家，在试图重新协调它们之间的关系，探索如何共处的一个实例。当然，欧洲的"统一"并不就是未来"全球化"的模式，全球化并不是世界"统一"。地球上如此众多信仰不同、风俗各异的民族和国家，情况远比欧洲复杂得多，而且世界各地普遍存在着严峻的经济、政治和军事等诸多问题，决不是一个"模式"就能解决的。这个尝试和实践之所以引起我们注意，是因为它能为世界上不同文明之间的交往，提供很多值得学习、借鉴的经验。

从人类学社会学的角度看，世界上所有文明都蕴含着人类的智慧，每一种文明都值得我们关注、研究，从中汲取营养。比如像印度这样一个历史悠久，民族、宗教关系极其复杂的国家，在他们的传统文化中就包含着极其丰富的处理多民族、多宗教、多文化并存的经验；同样，历史上曾经出现过的强大国家和各种强势文明，诸如奥斯曼帝国、俄罗斯帝国、奥匈帝国，阿拉伯文明、南美文明、非洲文明等等，这些庞大的多民族的社会实体，无不在解决不同文化之间的交流、沟通和融合方面，为后人积累了丰富的经验和教训。

作为人类学社会学工作者，我们应该以严肃、认真的态度，不带任何偏见地深入研究本民族的历史文化，同时也应该下工夫研究其他国家、民族的历史文化，以扩展我们的视野，增强我们的想象力和创新能力，为当今世界经济迅速"全球化"的同时，建设一个"和而不同"的美好社会贡献力量。

2004年8月

出版后记

本书收录费孝通先生 1989 年到 2004 年的文章，多是由各种会议的重要发言整理而成，集中呈现了费孝通先生晚年对人与人、人与自然、国与国、文明与文明之间关系的重新思考，其中，"文化自觉""美好社会""美美与共"等提法，是其长期思考的结晶，是对全球化时代不同文明政治体如何相处、如何自处寻求一种求同存异的包容性理解。

生活·讀書·新知 三联书店
2020 年 9 月

费孝通作品精选

(12种)

《茧》 费孝通20世纪30年代末用英文写作的中篇小说,存放于作者曾经就读的伦敦经济学院图书馆的"弗思档案"中,2016年被国内学者发现。这是该作品首次被翻译成中文。

小说叙写了上个世纪30年代苏南乡村一家新兴制丝企业的种种遭际。这家制丝企业通过实验乡村工业的现代转型,希望实现改善民生、实业救国的社会理想,但在内外交困中举步维艰。作者以文学的方式来思考正在发生现代化变迁的乡村、城镇与城市,其中乡土中国的价值观念、社会结构与经济模式都在经历激烈而艰难的转型,而充满社会改革理想的知识分子及其启蒙对象——农民,有的经历了个人的蜕变与成长,有的则迷失在历史的巨变中。

《江村经济》 原稿出自费孝通1938年向英国伦敦经济学院人类学系提交的博士论文,著名人类学家马林诺夫斯基在为本书撰写的序文中预言,该书"将被认为是人类学实地调查和理论工作发展中的一个里程碑"。1981年,英国皇家人类学会亦因此书在学术上的成就授予费孝通"赫胥黎奖章"。

本书围绕社区组织、"土地的利用"和"农户家庭中再生产的过程"等,描述了中国农民的消费、生产、分配和交易等生活和经济体系;同时着重介绍了费达生的乡土工业改革实验。费孝通后来多次重访江村,积累了一系列关于江村的书写。江村作为他在汉人社会研究方面最成熟的个案,为他的理论思考如差序格局、村落共同体、绅权与皇权等提供了主要的经验来源。

《禄村农田》 作为《江村经济》的姊妹篇,《禄村农田》是费孝通"魁阁"时期的学术代表作,作者将研究焦点由东南沿海转移到云南内地乡村,探寻在现代工商业发展的过程中,农村土地制度和社会结构所发生的变迁。

作者用类型比较方法,将江村与禄村分别作为深受现代工商业影响和基本以农业为主的不同农村社区的代表,考察农民如何以土地为生,分析其土地所有权、传统手工业和社会结构的异同与变迁,目的是想论证,农村的经济问题不能只当作农村问题来处理;农村经济问题症结在于土地,而土地问题的最终解决与中国的工业化紧密联系在一起。这一探寻中国乡村现代化转型的理想与实践贯穿了费孝通一生。

《生育制度》 费孝通1946年根据他在西南联大和云南大学任教时的讲义整理而成,围绕"家庭三角"这一核心议题,讨论了中国乡土社会组织的基本原则及其拓展,其中描述社会新陈代谢的"社会继替""世代参差"等概念影响深远。本书是费孝通的早期代表作,也是他一生最为看重的著作之一。

《乡土中国·乡土重建》 20世纪40年代中后期,费孝通的学术工作由实地的"社区研究"转向探索中国社会结构的整体形态。他认为自己对"差序格局"和"乡土中国"的论述,是这一时期的主要成就。

《乡土中国》尝试回答的问题是：“作为中国基层社会的乡土社会究竟是个什么样的社会。”它不是对具体社会的描写，而是从中提炼一些"理想型"概念，如"差序格局""礼治秩序""长老统治"等，以期构建长期影响、支配着中国乡土社会的独特运转体系，并由此来理解具体的乡土社会。

《乡土重建》则以"差序格局"和"皇权与绅权"的关系为中国社会的基本结构原则，在此基础上分析现实中国基层社会的问题与困境，探寻乡土工业的新形式和以乡土重建进行现代社会转型的可能。这一系列的写作代表了费孝通40年代后期对中国历史、传统和当代现实的整体性关照，是其学术生命第一阶段最重要的思考成果。

《中国士绅》 由七篇专论组成，集中体现了费孝通40年代中后期对中国社会结构及其运作机制的深刻洞察，尤其聚焦于士绅阶层在中国传统社会的地位与功能，及其在现代化进程中逐渐走向解体的过程，与《乡土中国》《乡土重建》等作品在思想上一脉相承。他实际上借助这个机会将自己关于中国乡村的基本权力结构、城乡关系、"双轨政治""社会损蚀"等思考介绍给英语世界。

《留英记》 费孝通关于英国的札记和随笔选编，时间跨度从20世纪40年代到80年代。作为留英归来的学者，费孝通学术思想和人生经历有很重要的一部分与英国密切相关。

这些札记和随笔广泛记录了一个非西方的知识分子对英国社会、人情、风物、政治的观察，其中不乏人类学比较的眼光。比如1946年底，费孝通应邀去英国讲学，其间，以"重返英伦"为名写下系列文章，开头的一句话"这是痛苦的，麻痹了的躯体里活着个骄傲的灵魂"，浓缩了他对二战后英帝国瓦解时刻的体察与速写。作者以有英国"essay"之风的随笔形式观察大英帝国的历史命运、英国工党的社会主义实验、工业组织的式微、英国人民精神的坚韧、乡村重建希望的萌芽，以及君主立宪、议会政治和文官制度等，尤其敏锐地洞察了英美两大帝国的世纪轮替和"美国世纪"的诞生，今日读来，尤让人叹服作者的宏阔视野和历史预见力。

《美国与美国人》 20世纪40年代中后期，费孝通写作了大量有关美国的系列文章，这些文章以游记、杂感、政论等形式比较美国和欧洲，美国与中国。其中，《美国人的性格》被费孝通称为《乡土中国》的姊妹篇，作者透过一般性的社会文化现象，洞察到美国的科学和民主之间的紧张，认为科学迫使人服从于大工业的合作，而民主要求个体主义，二者必然产生冲突；并进一步认为基督教是同时培养个体主义和"自我牺牲信念"的温床，是美国社会生活以及民主和科学特有的根源。美国二战以来在全球政治经济格局中越来越突出的霸权地位，实际是费孝通关注美国的一个重要背景。他晚年有关全球化问题的思考，与他对美国、英国等西方社会的系列观察密不可分。

《行行重行行：1983—1996》（合编本） 20世纪80年代到90年代中期，费孝通接续其早年对城—镇—乡结构关系的思考和"乡土重建"的理想，走遍祖国的大江南北，对乡镇企业、小城镇建设、城乡和东西部区域协同发展进行实地考察和调研，先后提出了苏南模式、温州模式和珠江模式等不同的乡镇发展类型，以及长三角、港珠澳、京津冀、亚欧大陆桥经济走廊、中西部经济协作区等多种区域发展战略，其中还包含了他对中西部城市发展类型的思考。

本书汇集了费孝通十余年中所写的近六十篇考察随记，大致按时间线索排列，不仅呈现了晚年费孝通"从实求知"的所思所想；某种意义上也记录了改革开放以来中国发展黄金时期的历史进程。

《中华民族的多元一体格局：民族学文选》 费孝通是中国民族学的奠基人之一，从 1935 年进入广西大瑶山展开实地调查开始，对民族问题不同层面的关注与研究贯穿其整个学术生涯。如果说《花蓝瑶社会组织》是用人类学田野调查的方法对民族志研究的初步尝试，那么 1950—1951 年参加"中央访问团"负责贵州和广西的访问工作，则是他进行民族研究真正的开始，其后还部分参与了"民族识别"和"少数民族社会历史调查"，这些工作不止体现于对边疆社会的组织结构和变迁过程进行研究，对新中国民族政策和民族工作的建言献策，更体现在他对建基于中国历史与现实的"民族"定义和民族理论的探索与构建中。1988 年发表的长文《中华民族的多元一体格局》，即是其长期思考的结晶，费孝通在其中以民族学的视角概述中国历史，并提出一种民族认同意识的多层次论，认为中华民族是既一体又多元的复合体。这一对中国作为一个多民族国家在理论层面的高度把握，是迄今为止影响最为深远的中国文明论述。

《孔林片思：论文化自觉》 20 世纪 80 年代末，费孝通进入了他一生学术思想的新阶段，即由"志在富民"走向"文化自觉"，开始思考针对世界性的文明冲突，如何进行"文化"之间的沟通与解释。到 90 年代，这些思考落实为"文化自觉"的十六字表述，即：各美其美，美人之美，美美与共，天下大同。

晚年费孝通从儒家思想获得极大启迪，贯穿这一阶段思考的大问题是：面对信息化和经济一体化的全新世界格局，21 世纪将会上演"文明的冲突"，还是实现"多元一体"的全球化？不同的文化和文明之间应该如何和平共处、并肩前行？中国如何从自己的传统思想中获得文化转型的自主能力，从中国文明本位出发，建构自己的文明论与文化观？

本书收录了费孝通从 1989—2004 年的文章，集中呈现了费孝通晚年对人与人、人与自然、国与国、文明与文明之间关系的重新思考。

《师承・补课・治学》（增订本） 从 1930 年进入燕京大学社会学系开始，在长达七十余年的学术生涯中，费孝通在人类学、社会学和民族学领域开疆拓土，成就斐然。他一生的学术历程与民族国家的命运、与时代的起伏变换密切相关。本书汇编了晚年费孝通对自己一生从学历程的回顾与反思的文章，其中既有长篇的思想自述；也有对影响终身的五位老师——吴文藻、潘光旦、派克、史禄国、马林诺夫斯基——的追忆与重读，他名之曰补课；更有对社会学与人类学在学科和理论层面的不断思考。

本书还收录了费孝通"第一次学术生命"阶段的四篇文章，其中《新教教义与资本主义精神之关系》一文为近年发现的费孝通佚稿，也是国内最早关于韦伯社会学的述评之一。